Renegald Gruwe

Ich möchte keine Pinguine mehr geschenkt bekommen!

Renegald Gruwe

Ich möchte keine Pinguine mehr geschenkt bekommen!

ERZÄHLUNGEN

VERLAG 28 EICHEN
BARNSTORF

Für Mila, Jarno, Mats und Greta

Die Deutsche Bibliothek verzeichnet diese Publikation
in der Deutschen Nationalbibliographie.
Detaillierte bibliographische Daten sind im Internet über
http://dnb.ddb.de abrufbar

ISBN 978-3-96027-097-3

Cover unter Verwendung einer Zeichnung
„Balduin Bählamm, der verhinderte Dichter“
aus „Baldiun Bählamm“ (1883) von Wilhelm Busch,

Inhalt

GEMISCHES

Ansichtssache

Einmal schrieb ein Kritiker:
„Solche Geschichten wie der Autor sie schreibt, schreiben andere mit links.“
Das kann ich nicht beurteilen, ich bin Rechtshänder.

Die Entscheidung

Ich schlug meine Augen auf und stand vor der Entscheidung, die erste Lektüre des Tages zu wählen:

1. Theodor W. Adorno, Minima Moralia
2. Asterix und Obelix in Rom von R.Groscinny und A.Uderzo

Ich nahm keines der beiden Werke zur Hand und machte meine Augen wieder zu, um einen weiteren Tag meines Lebens zu verschlafen.

Spätes Bekenntnis

Mein Gott, wenn du mich jetzt sehen könntest! Ziemlich zugelegt und die Haare grau und ausgedünnt. In den Knochen und Gelenken zwickt es, und auch die Treppe nehme ich nicht mehr mit zwei Stufen auf einmal.

Mein Ziel? – Das ist erreicht. – Naja, ehrlich gesagt auch ziemlich knapp. Die Zusatzaufgaben wurden nicht erfüllt. Den Doktortitel wird es in diesem Leben wohl nicht mehr geben und auch in dem Haus an der Nordsee leben andere. – Der Weltfriede? – Mein Gott, sieh selber aus dem Fenster.

Ob ich das alles erreicht hätte, wenn sie bei mir geblieben wäre? – Gute Frage, Gott. –

Ich wünschte, du hättest mir diese Frage ein wenig früher gestellt.

Oder vielleicht besser ihr!

Nachrichten aus dem Klusum-Appeldorfer Tageblatt 1

Aus den Bezirken. Herpes-Mittelstedt

Warmes Landbrot

Wieder flog ein warmes Landbrot nur wenige Meter über das Dach der Jansens. – Das dass tausend Gramm Brot wenigstens warm war, tangierte die Jansens nicht wirklich. Wie es der Zufall wollte, hatten die Jansens an diesem Morgen keine frische Butter im Haus. Jedenfalls keine gesalzene.

Jens Jansen äußerte sich dem Klusum-Appeldorfer Tageblatt gegenüber: „Was sollen wir mit einem warmen Landbrot, wenn wir keine gesalzene Butter haben? – Das ist wie frische Milch ohne Cappuccino."

Eine Anzeige gegen die Bäckerei Lürsen hatten die Jansens nicht erstattet. Schließlich beziehen die Jansens ihre frischen Brötchen von der Bäckerei Lürsen. Das Landbrot wurde nach seiner Landung aus dem Teich geborgen und diente als Futter für die Enten.

„Aber", so Jens Jansen gegenüber dem Klusum-Appeldorfer Tageblatt, „mit den unautorisierten Überflügen von Landbroten über unser Hausdach muss auf jeden Fall Schluss sein. Zumindest wenn wir keine frisch gesalzene Butter im Haus haben!"

Klaviertransport mit (kleinen) Hindernissen

Wenn man Männer in einem Lastwagen auf einem Parkplatz zur Begrüßung scherzhaft begrüßt: „Hallo, Sie sind die Männer mit dem Klavier!“, sollte man davon ausgehen, das diese Männer denken, das sie ein Klavier transportieren sollen. Sie werden wahrscheinlich nicht an den witzig gemeinten Spruch mit den „Männern mit dem Klavier“ denken. Wenn dem nicht so ist, haben Sie einen Scherz gemacht, der bei Klaviertransporteuren nicht besonders gut ankommt. Denn Klaviertransporteure verstehen keinen Spaß, wenn es sich um ein Klavier oder einen Flügel handelt.

So in dem Fall, den ich hier schildere:

„Wieso denn ein Klavier?“, fragte mich der Oberklaviertransporteur entgeistert, stehend vor dem Teil, auf dem schon Meisterwerke komponiert wurden. Nicht unbedingt auf diesem, meinem Instrument, das ich aus dem dritten Stock der Wohnung meines Onkels in den vierten, meinen eigenen, im nächsten Bezirk, transportieren lassen wollte. Es war ein verstorbener Onkel, und der Werdegang seines Ablebens spielt keine Rolle. Jedenfalls nicht für diese Geschichte.

„Das ist doch ein Flügel – ein Stutzflügel“, starrte mich der Oberklaviertransporteur an und schüttelte verständnislos den Kopf.

„Wenn wir davon ausgegangen wären, dass es sich um einen Flügel, um einen Stutzflügel handelt, hätten wir einen Hund mitgebracht. – Im dritten Stock!“

Nun meinte der Klaviermensch nicht einen richtigen Hund, nicht so einen, der bei uns immer vor den Hauseingang auf die Straße scheißt, sondern ein Holzbrett mit vier Rädern.

Es bringt wohl eine Erleichterung, wenn man das Instrument auf diesem besagten Hund abstellen kann und dann die drei Treppen hinunter mit Muskelkraft transportiert. Wie gesagt drei Treppen.

Warum mich der Herr so seltsam feindlich betrachtete lag wohl daran, dass ich die Begrüßung der vier Männer in ihrem Laster auf dem Parkplatz vor dem Haus etwas lax mit der scherzhaft gemeinten Begrüßung angegangen bin: „Sind sie die Männer mit dem Klavier?!“

Hätte ich gesagt: „Im Himmel ist Jahrmarkt“, hätten die Klaviertransporteure nach ihrem Verständnis von korrekter Umgangssprache wahrscheinlich gedacht, „Ohh schick, können wir gleich noch ein Bier trinken und eine Bratwurst essen!“

„Ja, aber vergessen Sie ihren Hund nicht!“, hätte ich ergänzen müssen.

Da auf dem Begleitschein, oder wie der Zettel bei Klaviertransporteuren heißt, gestanden hat, dass es sich um einen Flügel handelt, um einen Stutzflügel, den die Herren Klaviertransporteure aus dem dritten Stock meines verstorbenen Onkels in den vierten meiner eigenen Wohnung zu transportieren hatten und die Herren Transporteure auch des Lesens der deutschen Sprache mächtig gewesen wären und den lustig gemeinte Spruch: „Sind Sie die Herren mit dem Klavier!?“, als solchen erkannt hätten, der er war, hätte es kein Problem gegeben.

Oder einfacher gesagt: Hätten die Jungs ihren Auftrag gelesen, hätten sie gewusst, dass es sich um einen Flügel handelt und so hätten sie folglich einen Hund mitgebracht. Ungeachtet dessen, ob es sich um einen Stutzflügel gehandelt oder der Auftraggeber einen kleinen Scherz gemacht hat.

Ich will hier die Flüche nicht wiedergeben, die die Herren Klaviertransporteure auf dem Weg aus dem dritten Stock nach unten von sich gaben, wohl meinend, dass ich taub bin.

Die dummen Gesichter, die sie machten, als sie das Trinkgeld, respektive das nicht Vorhandensein eines Trinkgeldes bemerkten und dem Einsehen, dass man solche Sprüche besser nicht vor dem Auftraggeber eines Klaviertransports abgeben sollte, sind natürlich auch nicht zu beschreiben; und nicht zu bezahlen.

Ein kleiner Tipp: Warten Sie mit dem Bezahlen immer solange, bis das Instrument sicher an seinem neuen Platz steht! Und falls Sie jemals die Absicht haben, mit besagtem Instrument noch einmal umzuziehen, ändern Sie Ihren Namen und ihre gesamte Identität.

Es gibt nichts Nachtragenderes als die Gilde der Klaviertransporteure.

Die großen Kriminalfälle
–
Das Gerichtsverfahren

Ferdinand stand vor Gericht. Es war sein erster Prozess in seinem sonst unbescholtenen Leben. Und wenn er nicht so unachtsam gewesen wäre, hätte er, genau wie seine Freunde, das Weite suchen können, bevor man ihn erwischte, und niemand hätte ihn angeklagt.

Dass die Anklage eh auf tönernen Füßen stand, half Ferdinand in seiner Situation wenig. Aus seiner Sicht war der Ort, an den man ihn gefasst hatte, kein ungewöhnlicher.

Filzläuse halten sich mit Vorliebe im Schambereich, wie in allen anderen behaarten Regionen menschlicher Wesen auf.

Dass es die Intimzone von Dr. Richard Schmitz-Zahn war, in der man ihn aufgegriffen, beziehungsweise Frau Margarete Zahn ihn dort bei der sonntagabendlichen Verrichtung entdeckt und dingfest gemacht hatte, war mehr als Pech.

Nun saß Ferdinand gefangen in einer kühlen, trockenen Dose, in der normalerweise Tabletten oder Bonbons aufbewahrt wurden. Margarete Zahn hatte mit geschickten Fingern zugegriffen und ihn in das Gefängnis gesteckt.

„Richard, was ist das?“ Frau Zahn stand kurz davor, ihre sonst so viel gerühmte Fassung zu verlieren, die sie schon über so manchen Empfang, auf dem ihr Mann Gast oder selber Gastgeber war, hinweg geholfen hatte. Trotz Migräne. „Wie kommt dieses Viech dort hin?!“

Mit „dort hin“ meinte die Politikergattin den schon eingangs erwähnten Genitalbereich des Lokalpolitikers mit Ambitionen bis hinauf in die Landesebene.

„Sogar Minister in der Landesregierung hätte ich werden können. Und vielleicht Ministerpräsident“, fügte der gebrochene Mann noch leise seinen Vorwürfen an die Laus an. „Du bist schuld. Du hast mir das versaut!“

Ferdinand war sich keiner Schuld bewusst. Er hatte sich mit seinen Freunden dort aufgehalten, wo sich Filzläuse am liebsten aufhalten. Die Filz- oder Schamlaus (Pthirus pubis, als Synonym Phthirus pubis (vulgär Sackratte) genannt, liebt das Feuchte und Warme.

Und so ist dieser Aufenthaltsort für Filzläuse nicht gerade ungewöhnlich. Dieses, aus menschlicher Sicht, parasitäre Verhalten ist ihnen sozusagen angeboren.

Dass es ausgerechnet die Schambehaarung von Dr. Richard Schmitz-Zahn war, war mehr als Pech.

Soweit Ferdinand mitbekommen hatte, sollte es ihm an den Kragen gehen. Doch vorher musste er sich einem Verfahren stellen, das von Herrn Dr. Richard Schmitz-Zahn und dessen Ehefrau Margarete Zahn veranstaltet wurde. Es war mehr die Politikergattin, die eine Verhandlung anstrebte. Und soweit Ferdinand verstand, ging es weniger um seinen Aufenthaltsort im Schambereich des Dr. Richard Schmitz-Zahn, als vielmehr um die Tatsache, wie Ferdinand und seine Freunde zu diesem Herrn gekommen waren.

„Ich will jetzt wissen, wer dir dieses Tier angehängt hat? Und keine Ausflüchte!“, donnerte die Anklage.

„Ich war im Landtagsgebäude auf der Toilette, und da müssen diese widerlichen Läuse mich angesprungen haben!“, stellte die Verteidigung eine erste Strategie auf.

Und die war mehr als dürftig. Ferdinand wusste, dass es eine Lüge war, und er hätte Frau Zahn auch gerne eine kleine Blutprobe von seinem früheren Wirt gegeben, aber dies war nicht möglich. Allein der Wille reichte eben nicht.

„Ich werde dafür sorgen, dass du keinen Menschen mehr plagst“, drohte Dr. Richard Schmitz-Zahn und setzte so den Zeugen unerlaubt unter Druck.

Die Anklage durchschaute diese Taktik: „Du wirst für nichts mehr sorgen, mein Lieber – Wo ist sie denn?“, stutzte Frau Zahn. „Sie ist weg, sie ist weg! Du hast die Laus umgebracht, du Scheusal“, wollte die Anklage, jetzt ganz Ehefrau, mit geballten Fäusten auf den vermeintlichen Ehebrecher los.

„Aber nein, sieh nur genau hin. Hier, nimm das Vergrößerungsglas“, brachte der Angeklagte dem Gericht den Beweis, dass der Zeuge noch am Leben und wohlauf war.

Ferdinand wurde es auf einmal ganz warm auf dem Pelz. Ein seltsamer Geruch stieg ihm in sein Riechorgan. Es roch nicht unangenehm, wenn nur diese Wärme nicht wäre. Jetzt wurde ihm heiß und im nächsten Moment vernahm er die Stimme der Staatsanwältin: „Nimm das Vergrößerungsglas weg, sie verbrennt uns ja!“

„Ach wo, es geht ihr gut. So schnell brennt eine Laus nicht.“

„Ich will nicht, dass es ihr gut geht, ich will nur nicht, dass sie uns verbrennt! Das könnte dir so passen, mein Lieber!“ Die Anklage äffte den Angeklagten nach: „Ja, wir konnten die Geschichte leider nicht aufklären, unser Kronzeuge ist verbrannt!“

Ferdinand war überrascht, wie gut der Staatsanwalt den Richter nachmachen konnte. Dieser sprach nun wieder selbst: „Mach dich nicht lächerlich, Luise. Wie komme ich dazu, eine Filzlaus zu verbrennen, ich bin Mitglied im Sozialausschuss.“

„Ich will jetzt den Namen von dieser Person wissen! Ist es deine Sekretärin, diese blöde Kuh von einer Schlaftablette? Die macht doch alles, was du von ihr verlangst. Oder ist es eine von deinen Praktikantinnen? Die mit dem polnisch klingenden Namen womöglich? Oder ist es …? – Nein, um Gottes Willen, es ist nicht Ruth!? Sag, dass es nicht Ruth ist! Nicht meine beste Freundin!“

„Glaubst du, Ruth hat Filzläuse?“

Margarete Zahn war für einen Moment perplex. Ja, das konnte wohl nicht sein. Gott sei Dank war es nicht Ruth.

„Ich werde dieses Tier zu Doktor Mehlmeyer zur Untersuchung ins Gesundheitsministerium bringen. Der nette Herr Staatssekretär Doktor Mehlmeyer hat mir auf dem letzten Empfang in der Staatskanzlei angeboten, dass ich mich jederzeit an ihn wenden kann.“

„Ja, aber er meinte, wenn du etwas über das Gesundheitswesen in unserem Bundesland erfahren willst. Er meinte nicht, das du mit einer Sackratte zu ihm kommst und von ihm verlangst, er solle die Vorbesitzerin von diesem Tier ermitteln."

„Also gibst du zu, dass es sich um eine andere Frau handelt", hatte Frau Zahn ihren Mann, wo sie ihn haben wollte.

„Ich gebe gar nichts zu", verschränkte der Angeklagte die Arme vor der Brust.

„Dann muss es sein!" Die Staatsanwältin und gleichzeitig Richterin wandte sich der Zeugin zu.

„Aber sie bewegt sich ja gar nicht mehr", schielte sie unter den Deckel der Dose. „Jetzt ist sie hin."

So war es. Ferdinand war gestorben, noch bevor der Fall abgeschlossen war. Filzläuse sterben recht bald, wenn sie vom Menschen abgenommen werden. Und in kühlen, trockenen Bonbondosen ist ihre Überlebenschance gleich Null. Ferdinand hatte sein Geheimnis mit ins Grab genommen. Ein richtiges Grab fand Ferdinand allerdings gar nicht. Frau Zahn spülte den Zeugen kurzerhand in der Toilette herunter.

Damit war die Geschichte natürlich für Herrn Dr. Schmitz-Zahn noch nicht erledigt. Jeden Abend, wenn er vom Landtag zurück nach Hause kam, wurde er von seiner Frau auf das Genaueste untersucht, ob wieder eine Filzlaus an ihm zu finden war.

Dann würde Margarete Zahn pfleglicher mit ihrem Zeugen umgehen. Auf jeden Fall. Selbst, wenn sie ihn hierfür bei sich selber aufnehmen und an ihrem Körper nähren, wärmen und so am Leben erhalten müsste.

„Er“

Manchmal sitzt Er am Rand seiner Insel und sieht in die Ferne. Bei schönem Wetter, wenn die Sicht ganz klar ist, glaubt Er ganz weit dahinten Land zu sehen. Und manchmal sieht Er Menschen. Aber die kommen nicht zu ihm herüber. Er möchte auch gar nicht, dass sie ihn besuchen. Womöglich sind es Kannibalen, und wenn sie hungrig sind, fressen sie seine Seele. Auch wenn sie nicht hungrig sind, haben sie es auf seine Seele abgesehen. Das war schon immer so. Menschen fressen Seelen.

Wann die letzten Besucher auf seiner Insel waren, daran kann Er sich nicht genau erinnern. Bestimmt waren es seine Mutter und sein Vater. Das ist lange her. Seine Frau war nur ganz früher mal da gewesen und hat sich nicht wohl gefühlt. Daran erinnert Er sich. Es rieche so komisch und sie bekäme auf so einer Insel immer Beklemmungen. Kinder? Nein, an Kinder hat Er keine Erinnerung. Seit damals ist niemand mehr gekommen.

Die einzigen, die seine Insel betreten, sind Schwester Ursula, der Pfleger Heinz und der Doktor, dessen Namen Er sich nicht merken kann. Der kommt auch von einer Insel, aber die ist weit weg. Der Doktor ist ganz braun. Dort, wo er herkommt, ist es heiß, und die Sonne scheint das ganze Jahr.

Vor seiner Insel regnet es ab, und zu und im Winter schneit es. Das Meer ist dann ganz weiß.

Im Sommer blühen viele bunte Blumen auf dem Meer und es duftet nach Wärme. Ein lauer Wind weht über seine Insel und Er hält sein Gesicht in die Sonnenstrahlen. Schwester Ursula schimpft dann und sagt: Er benehme sich wie ein kleines Kind und nicht wie ein Professor. Er komme doch schließlich nicht aus Afrika oder von der Insel des Doktors, wo die Menschen an Sonne gewöhnt sind.

Dass Er nicht von seiner Insel herunter geht, liegt daran, dass Er nicht schwimmen kann. Er würde untergehen. Ertrinken. So steht es in seiner Akte. So hat es der braune Arzt gesagt und damit Er nicht zu nahe an das Ufer geht und von seiner Insel herunterfällt, bringt ihm Schwester Ursula Tabletten. Morgens eine und abends eine. Eins und eins sind zwei.

Früher lebte Er in dem fernen Land auf der anderen Seite des Meeres und lehrte jungen Menschen Mathematik. Dann gab es einen Klick in seinem Kopf, und die Insel wurde zu seinem neuen zu Hause.

So vergehen die Tage und die Nächte und wenn die Sterne über dem großen Meer leuchten, kann Er sie nicht zählen, weil es so viele sind. Gerne würde Er sie zusammenrechnen, aber die Zahlen im Kopf reichen dafür nicht aus.

Und wenn Er träumt, dann segelt Er mit einem weißen Boot, das aussieht wie sein Bett, hinunter von seiner Insel und hinaus aufs Meer, in Richtung Land, das am Horizont liegt. Doch der Wind lässt nach und eine bleierne Flaute fesselt die Segel seines Schiffes schlaff an den Mast. Er versucht zu pusten und hält die Hand vor den Mund und bläst durch den Trichter seiner Hände aus voller Lunge in das Tuch. Dann wacht Er auf und das Bett ist nass. So als sei Er ins Wasser gefallen und beinahe ertrunken. In diesem Traum aber kann Er schwimmen. Um hinüber zum anderen Ufer zu gelangen, reicht die Kraft auch in seinen Träumen nicht.

Und dann sind ja dort auch noch die Kannibalen.

Veröffentlicht in der erweiterten Dichtungsring-ONLINEAUSGABE >Begegnungen< Nr. 43, 2014.

Die kleine Hausphilosophie 1
–
Thema: Kriechen

Natürlich kann es einem passieren, wenn man zuviel auf den Knien rutscht, dass die, die aufrecht gehen, einem auf die Hände treten.

Die gefundene Zeit

Ich habe Zeit gefunden. Schon vor zwei Tagen, vor dem Uhrengeschäft. Die Zeit lag einfach auf dem Pflaster der Nesselwangstraße. Ich schlenderte nichts ahnend so dahin, ich hatte noch etwas Zeit vor meinem Termin beim Friseur, und plötzlich lag die Zeit vor mir. Erst war ich mir nicht sicher, ob ich sie aufnehmen sollte? Man kann ja nie wissen. Da kommt dann plötzlich jemand und beschuldigt mich, ich hätte ihm die Zeit gestohlen.

„Beweis das erst einmal, dass die Zeit auf der Straße gelegen hat“, machte ich mir selber bewusst. Da kommt man schnell in Erklärungsnot. Also ließ ich etwas Zeit vergehen und wartete. Dabei sah ich mich immer wieder nach allen Seiten um. Die Straße herauf und herunter. In den Hauseingängen rührte sich niemand. Schließlich bückte ich mich und hob die Zeit auf. Sie fühlte sich gut an. Es waren eine Stunde, neununddreißig Minuten und achtzehn Sekunden. Ganz genau. Ich zog die Wartezeit ab, und da blieben immer noch eine Stunde, achtunddreißig Minuten und eine Sekunde übrig. Nicht schlecht.

Ich wollte allerdings nicht sofort loslaufen und die Zeit behalten. Da es meines Wissens kein Fundbüro für Zeit gibt, fragte ich im Geschäft für Uhren nach. Der Verkäufer war froh, nach langer Zeit mal wieder einen Kunden in seinem Laden begrüßen zu dürfen, und war dann doch etwas enttäuscht, als ich ihm die gefundene Zeit zeigte.

„Nein, schon eine ganze Weile war niemand hier“, antwortete er mit Bedauern, „die Zeiten sind schlecht.“

Also konnte kein Kunde die Zeit verloren haben.

„Und wie Sie sehen, habe ich mehr Zeit als mir lieb ist. Im Gegenteil, oft sehe ich auf die Uhren um mich herum, wie die Zeit vergeht. Und manchmal dauert es ganz schön lange, wenn man alleine ist und kein Kunde kommt. Wenn die Geschäftszeit meine wäre, glauben Sie mir“, nickte der Angestellte freundlich, „ich würde Ihnen noch gut und gerne zwei Stunden drauflegen. Aber am Abend muss ich abrechnen, hier“, zeigte er mir einen altmodischen Stempelkasten in der Nähe des Hinterausgangs mit einer Lochkarte. „Sie sehen, mein Chef achtet sehr darauf, dass wir die Geschäftszeit penibel einhalten. Leider!“, verabschiedete er mich.

Nun stand ich wieder auf der Straße mit meiner gefunden Zeit. Das Gespräch im Laden rechnete ich diesmal nicht ab. Ich nahm es von meiner Lebenszeit, da ich nun wusste, wo ich ein passendes Geschenk für meinen alten Freund Alfons zu seinem fünfzigsten Geburtstag finden konnte. Er liebt Uhren. Er hat eine ganze Menge von diesen Zeitspeichern zu Hause. Eine ganz schöne Sammlung.

Für einen Augenblick kam mir der Gedanke, ihm die gefundene Zeit zu schenken. Doch das schien mir nicht passend. Man soll keine gefundene Zeit verschenken. Die Zeit, die man mit einem Freund verbringt, soll von Herzen kommen. Da muss man nicht auf eine Stunde mehr oder weniger achten.

Was sollte ich nun mit meiner gefundenen Zeit anfangen?

Ich hätte die Zeit gewinnbringend anlegen können. Nur, meine Zeiteinteilung ist im Allgemeinen schon sehr gut, deshalb verfüge ich über genügend Zeit. Ich vergeude selten Zeit. Und außerdem sind solche Geschäfte, wie das Glücksspiel, um noch mehr Zeit zu gewinnen, mit zuviel Risiko behaftet. Ich habe in solchen Dingen selten Glück.

Ein schöner Urlaub wäre auch mal wieder fällig, in einem noblen Zeitschloss. Aber dafür wird sie nicht reichen. Die verlangen da mindestens vierundzwanzig Stunden. Wenn das mal reicht. Da müsste ich aber noch eine ganze Menge mehr Zeit auf der Straße finden. Außerdem ist so ein Aufenthalt ja meist mit neumodischem Schnickschnack verbunden. Wellness lautet das Zauberwort. Nicht für mich. Ein merkwürdiger Zeitvertreib. Für so etwas habe ich auch keine Zeit. Man muss auch nicht immer mit der Zeit gehen.

Ich könnte die Zeit nutzen, um mir eine neue Kaffeemaschine zu kaufen. So eine, wie sie im Kaufhaus neulich angeboten wurde. Das Design ist wirklich zeitlos. Aber bei allen Überlegungen kam ich zu keinem Entschluss, was ich mit der Extra-Zeit anfangen sollte.

Nun drängte die Zeit doch ein wenig. Ich machte mich auf den Weg zu meinem Friseurtermin. Und für das Nachdenken, was ich mit meiner gefundenen Zeit anfangen konnte, war mir die Zeit zu schade. Dies konnte ich auch beim Haarschneiden erledigen. Wenn mich der Friseur nicht wieder mit dem neuesten Klatsch und Tratsch aus der großen Welt und unserer kleinen, der Nachbarschaft, versorgen würde.

Beim Warten auf meinen Termin – eine mir bekannte ältere Dame, die vor mir an der Reihe war, hatte sich verspätet – erregte eine Zeitungsüberschrift meine Aufmerksamkeit: „Immer mehr Arbeitslose müssen die Zeit totschlagen!“ Ich war ehrlich erschrocken. Wie kann es sein, dass Menschen dazu gezwungen werden, Zeit totzuschlagen. Nur weil sie keine Arbeit haben? Ja, gibt es denn keine Gesetzte oder Hilfsprogramme? Für alles wird sich eingesetzt, für Tiere, für die Umwelt, für mehr Zeit für die Freizeit, und nun lassen wir es zu, dass Menschen einfach die Zeit totschlagen? In meiner Erregung musste ich an den gelangweilten Verkäufer im Uhrengeschäft denken. Man stelle sich vor, er vergreift sich eines Tages an der Zeit? Ein Amokläufer in einem Fachgeschäft für Uhren! Man stelle sich diese Katastrophe vor. Wie viel Zeit könnte ein einziger vernichten? Nicht auszudenken. Da kann man mal sehen, wie schnell so etwas gehen kann, dass einer zum Zeitmörder wird. Gott bewahre, kommen noch Terroristen auf solche Ideen!?

Ich beschloss, später beim Einkaufen, es der Dame, die mich beim Warten fast zwanzig Minuten gekostet hatte, in der Warteschlange heimzuzahlen. Ich würde meine Erledigungen wie Butter, Eier, Wurst, ein halbes Kilo Schabefleisch, vier oder fünf Tomaten und ein Bund Petersilie besorgen, schneller hinter mich bringen und mich dann an der Kasse, wenn die

Dame hinter mir wartete, so richtig schön langsam ausbreiten. Alles Dinge, die ich sonst hasse, wie noch mal schnell zum Kühlregal laufen, weil ich die Milch vergessen hatte, die Waren nach dem Registrieren nicht gleich vom Band in den Einkaufswagen legen, umständlich meine Geldbörse suchen, noch langsamer das Geld zählen, von der Verkäuferin noch eine Tüte erbitten, die natürlich ganz hinten, unten im Regal liegt, so dass sich das junge Mädchen hinter dem Punker, der hinter der Frau wartet, die hinter dem Mann steht, der hinter der alten Dame wartet, sich bücken muss und ich schließlich in aller Ruhe den Weg versperre, um meine endlich erhaltene Tüte mit meinen Einkäufen zu füllen.

Da bekomme ich von der alten Frau mindestens fünf Minuten von meiner Zeit, die ich beim Friseur durch sie verloren habe, zurück.

Plötzlich schoss es mir durch den Kopf. Was, wenn meine gefundene Zeit einem anderen doch gestohlen wurde? Der Dieb hätte sie auf der Flucht vor der Polizei verlieren können. Oder er hat sie in Panik weggeworfen? Und so wäre sie nicht, wie von mir die ganze Zeit angenommen, verloren gegangen oder sogar durch den ursprünglichen Inhaber selbst verplempert worden?

Dann wäre ich ja an einem Verbrechen beteiligt. Was steht denn auf Begünstigung bei Zeitdiebstahl? Wäre ich ein Zeithehler? Einer, der mit fremder Zeit handelt?

Gleich nach meinem Besuch beim Friseur lief ich zurück in die Nesselwangstraße. Die kleine Zeitwiederholaktion mit der alten Dame war mir völlig aus dem Sinn gekommen. An der Stelle, wo ich die Zeit gefunden hatte, blieb ich stehen. Für einen Moment dachte ich nach. Sollte ich die gefundene Zeit wieder zurücklegen und einfach weggehen? Besser wäre es. Aber der Verkäufer im Uhrengeschäft kann sich bestimmt noch an mich erinnern, wenn Nachforschungen wegen der gestohlenen Zeit angestellt werden würden.

Aber was rege ich mich auf, beruhigte ich mich, wenn ich die Zeit zurücklegte, würde es ja gar keine Untersuchungen geben. Der Bestohlene käme vorbei und würde seine Zeit wiederfinden. Alles wäre in Ordnung. Nur die fehlende Minute und die siebzehn Sekunden, die ich zum Abwarten benutzt hatte, wären nicht mehr da. Na ja, dachte ich, er hat ja immer noch über eineinhalb Stunden. Ein zu verkraftender Zeitverlust. Und die fehlende Zeit würde dem Dieb zugeschrieben, der die Zeit gestohlen hatte.

Ich setzte meinen Weg fort. Zwei Straßen weiter stolperte ich beinahe wieder über etwas. Es war ein Stück von einem Glauben. Ich wunderte mich, wie achtlos die Leute mit diesen Dingen umgingen. Solch einen Zustand sollte man nicht einfach verlieren. Wie kostbar ist ein Stück Glaube und wie viele Menschen suchen danach und sehnen sich nach Zufriedenheit und Wohlbefinden. Gerade in unserer Zeit.

GESCHICHTEN AUS DEM NÄHKÄSTCHEN

1. Von der Dummheit

Mit einem Bein klemmte sie fest. Die Fliege.

„Wie zum Teufel hast du es geschafft, dein Bein da hineinzukriegen, und was noch wichtiger ist, warum steckt es da drin? Und wie bekommst du es wieder heraus? So wirst du noch verhungern und elendig zu Grunde gehen.“

Die Nähnadel regte sich so sehr über die dumme Fliege auf, deren linkes Vorderbein in einer kleinen Holzspalte der Fensterbank steckte und die nicht alleine frei kam, dass sie beinahe einen Kragenknopf aufgespießt hätte, den sie an einer Jacke annähen wollte. So wild hatte sie gestikuliert.

„Was geht dich denn die blöde Fliege an?“, wollte der beinahe aufgespießte Knopf von der Nähnadel wissen.

„Dummheit macht mich nun einmal wahnsinnig. Egal, ob es eine Fliege, eine Garnrolle oder ein Knopf ist“, schaute sie dem Kragenknopf provozierend durch seine Löcher an, dass dieser ganz verlegen wurde. Er selber hielt sich nicht für dumm. Aber im allgemeinen gelten Knöpfe in Nähkästen nicht als die Allerintelligentesten. Besonders die Druckknöpfe werden von den anderen Bewohnern nicht ernst genommen. Das ist in allen Nähkästen der Welt so.

„Warum lässt du den Kragenknopf nicht in Ruhe“, schaltete sich das Maßband ein und rollte sich etwas auf, so dass es Ähnlichkeit mit einer zum Angriff bereiten Kobra hatte. Aber diese Drohgebärde verpuffte, da Maßbänder eher friedlicher Natur sind, wie man weiß. Es bekam von der Schere

Zuspruch: „Ihr Nähnadeln seid einfach unausstehlich. Nimm dir ein Beispiel an den Stecknadeln, wie friedlich sie in ihrem Kissen stecken.“

„Ja“, mischte sich der Fingerhut ein, „und so stechen wie die Nähnadeln tun sie auch nicht. Auch sind sie viel hübscher und dekorativer anzusehen mit ihren farbigen Köpfchen, und robuster sind sie auch.“

Was das nun mit der Fliege zu tun hatte, wusste wohl der Fingerhut selber nicht. Aber immer, wenn es gegen die Nähnadeln ging, hatte er eine ziemlich große Klappe. Ein wenig konnte man ihn verstehen, schließlich bekam er die meisten Stiche ab, wenn die Nadel in den Stoff getrieben wurde.

„Ganz abgewetzt ist mein schöner goldener Rand“, beklagte er sich bei der alten Schneiderschere.

„Es ist schließlich deine Bestimmung, du oller Blechkopp“, beleidigte die Nähnadel den Fingerhut.

„Ich habe neulich einen Käfer gesehen, der von Stecknadeln aufgespießt in einer großen Glasvitrine gelegen hatte. Mit vielen anderen zusammen“, berichtete das schwarze Nähgarn. „Es waren, wie gesagt, Stecknadeln, keine Nähnadeln!“

„Du bist doch immer auf der Seite der Nähnadel. Jeder weiß doch, dass ihr ein Verhältnis habt. Wie du dich immer anschmiegst und dann durch das Öhr gehst.“ Der Kragenknopf hatte hinter dem Rücken des Maßbandes hervorgelugt und zog sich gleich wieder zurück, als eine der beiden Stricknadeln für Ruhe sorgte:

„Nun ist aber Schluss! Ich dulde es nicht, dass wir uns gegenseitig beleidigen.“

Leise sagte der Fingerhut zum Kragenknopf: „Was die sich immer als Chefin aufspielt. Dabei ist sie selber eine aus der Art der Nadeln. Wenn auch nur eine entfernte Verwandte.“

„Ja, und unsereiner ist sowieso schon viel weiter in der Welt herumgekommen. Ich habe schon an zwei Hemden und einem Clownskostüm gehangen. Das war eine Party. Da kann doch so eine wie die gar nicht mit“, gab der Kragenknopf an. Das mit dem Clownskostüm verhielt sich ein wenig anders.

Der Kragenknopf war nämlich innen angebracht gewesen und konnte so von der „Party“ überhaupt nichts mitbekommen haben.

„Wer angibt, hat mehr vom Leben“, stichelte das schwarze Nähgarn.

„Ich lebe mein ganzes Leben schon in diesem Nähkasten“, bekannte der Fingerhut traurig. Alles, was ich gesehen habe, ist diese Fensterbank und ein Teil der Kücheneinrichtung.“

„Aber du bist doch genauso wichtig wie wir anderen“, hatte die Stricknadel das letzte Gespräch mit angehört und den Fingerhut getröstet. Obwohl er vorhin nicht gerade in den schönsten Tönen über sie gesprochen hatte.

„Früher hatte ich einmal einen Gefährten, einen anderen Fingerhut. Das war ein lustiger Geselle, wir hatten viel Spaß.“

„Ja, und ihr habt noch ganz andere Dinge miteinander getrieben“, zankte die Nähnadel weiter, „ich habe die beiden einmal überrascht als sie sich …“

Das Maßband empörte sich über die unverschämte Nähnadel. „Das geht jetzt aber entschieden zu weit. Was für sexuelle Vorlieben einer hat, ist seine reine Privatsache. Das geht niemanden etwas an.“

Applaus von den Anwesenden im Nähkästchen unterstützte die Aussage des Maßbandes.

„Na ja, ich wollte nicht“, stotterte die Nähnadel eine Entschuldigung, nachdem sie eingesehen hatte, dass niemand auf ihrer Seite war. Selbst das schwarze Nähgarn hatte ihr einen missbilligenden Blick zugeworfen.

Dass der Fingerhut und das Nähgarn selber einmal eine kleine Liaison hatten, wusste sonst keiner im Nähkästchen. Das Garn hatte den Fingerhut regelrecht um den Finger gewickelt.

„Sie ist wieder frei!“, rief der Kragenknopf unerwartet. „Die Fliege ist wieder frei, sie hat es geschafft, seht nur, wie sie davonkrabbelt!“

Alle im Nähkästchen freuten sich für das Insekt.

Doch bevor es fortfliegen konnte, bereitete eine Fliegenklatsche, geführt von einer der Gottheiten, dem Tierchen nun doch ein, wenn auch ein schnelles, schmerzloses Ende.

Nachtrag: Immer wieder schreiben Leserinnen und Leser und stellen Fragen zum Nähkästchen und ihren Bewohnern. Hier die drei meist gestellten Fragen und die Antworten zum Nähkästchen:

1. Wem gehört das Nähkästchen?

Die Bewohner bezeichnen die großen Wesen, die um sie herum sind, als Götter oder Gottheiten. Diese Götter haben die Macht, Bewohner des Nähkästchens für ihre Dienste zu gebrauchen.

Im wahren Leben gehört das Nähkästchen einer Familie. Es gibt eine Mutter, einen Vater und zwei Kinder, einen Jungen und ein Mädchen. Der Junge ist elf Jahre und das Mädchen neun Jahre alt. Der Vater ist Beamter. Seit die Kinder älter sind, arbeitet die Mutter halbtags als Verkäuferin in einer Wäscherei.

2. Wo steht das Nähkästchen?

Es steht im Wohnzimmer auf einem Fensterbrett. Man sieht auf ein Feld, das, je nach Jahreszeit, die Farbe wechselt. In der Ferne kann man ein Dorf erkennen, mit roten Dächern und einem Kirchturm, der herausragt. Eine Uhr zeigt die Zeit an. Am Sonntag läuten die Glocken. Rechts vom Fenster führt eine Straße hinüber zum Dorf, und links liegt ein See, der mit Trauerweiden umsäumt ist. Ab und zu hüpft eine Krähe über die Straße und setzt sich auf den Gartenzaun, der im unteren Rand des Fensters zu erkennen ist. Neben dem Nähkästchen stehen Topfpflanzen auf dem Fensterbrett.

Zur anderen Seite fällt der Blick auf das Wohnzimmer. Es gibt eine bequeme Couch und zwei Sessel und einen Tisch. Eine große Kommode aus Eichenholz steht an der Wand dem Fenster und dem Nähkästchen gegenüber. Rechts steht ein Esstisch mit vier Stühlen. Eine Obstschale ist immer gefüllt. Mal mit Äpfeln und mal mit Apfelsinen, je nach Jahreszeit.

3. Wer ist der älteste Bewohner des Nähkästchens?

Das ist der Stopfpilz, gefolgt von den Stricknadeln. Dann kommt die alte Schneiderschere.

2. Von wahrem Heldentum

Heller Aufruhr herrschte im Nähkästchen. Die Stecknadeln plapperten aufgeregt miteinander und drängten sich dicht zusammen.

Die alte Schneiderschere, sonst für ihre Besonnenheit von allen geschätzt, klapperte in einem fort mit ihren Scheren.

„Hat die Schere Angst?“ fragte ein Manschettenknopf, der eigentlich gar nicht im Nähkästchen zu Hause war und nur, weil sein Zwilling verloren ging, hier zu den anderen Knöpfen gesteckt worden war.

„Nein“, antwortete die Stricknadel und schüttelte den Kopf, „ihr ist nur ein wenig kalt. Es ist doch recht zugig auf unserer Fensterbank, und unser Haus ist auch nicht mehr an allen Stellen dicht.“

Die Stricknadel hatte zu dieser kleinen Notlüge gegriffen, damit der Manschettenknopf nicht auch noch die anderen Knöpfe verrückt machte. Die völlig außer Rand und Band geratenen Stecknadeln reichten ihr schon. Und als entfernte Verwandte fühlte sie sich für die bunten Köpfe verantwortlich. Natürlich hatte die Schere Angst und die Stricknadel wusste es. Aber was gab es für einen Grund für diese Unruhe im Nähkästchen?

Des Rätsels Lösung stand auf dem großen Küchentisch, gegenüber der Fensterbank. Es war eine Nähmaschine. Sie war nagelneu und gerade aus ihrer Verpackung befreit worden.

„Aber was habt ihr denn? Habt ihr denn noch nie solch eine Maschine gesehen?“

„Nur gehört“, streckte sich der Fingerhut, um besser über den Rand des Nähkästchens zu sehen. „Nur gehört, und was man so erzählt, gefällt mir gar nicht.“

„Was sagt man denn über das Ding?“, fragte der Manschettenknopf. Er hatte sich neugierig auf den Fingerhut gesetzt und sah gerade, wie der Stecker der Nähmaschine in eine Steckdose gesteckt wurde. Sogleich surrte die Maschine los. Vor Schreck über das unerwartete Geräusch verlor er den Halt und fiel in die unterste Schublade des Nähkästchens. Gott sei Dank lagen dort unten die alten Stoffreste, die zum Flicken verwendet werden sollten. So fiel er weich. Die Druckknöpfe lachten herzlich über den Fall. Schadenfreude ist eine angeborene Unart bei Druckknöpfen.

„Es ist doch alles halb so schlimm“, beruhigte das Maßband seine Mitbewohner. „Wir werden alle unsere Arbeit behalten, niemand muss Angst haben.“

Aus der ersten Etage, der besten Lage des Nähkästchens, meldete sich die Nähnadel zu Wort: „Du hast gut reden, aber was ist mit mir? Ihr alle könnt mit dieser Teufelsmaschine zusammenarbeiten. Du nimmst weiter Maß, die Schere schneidet zurecht, die Familie der Garne darf obenauf Karussell fahren, und selbst die Stecknadeln werden für einen provisorischen Halt gebraucht. Und du“, zeigte die Nähnadel auf ihre entfernte Verwandte, die Stricknadel, „hast überhaupt nichts damit zu tun. Du wirst erst wieder im Herbst hervorgeholt, um Socken oder einen Pullover für den Winter zu stricken. Aber ich, was soll ich machen? Seht nur“, zeigte die Nähnadel auf die Verpackung der Maschine, „dort steht, dass sie auch Knöpfe annähen kann.“

Das war natürlich ein Schlag ins Kontor, und das gesamte Nähzeug zeigte sich ratlos. Die Nähnadel war immer die Königin gewesen. Sie war die wichtigste im Nähkästchen. Ohne sie konnte nichts geflickt, kein Knopf an seinem Bestimmungsort gehalten werden, und auch für das Umnähen von Ärmeln und Hosen war sie unentbehrlich. Alle anderen waren nur Gehilfen oder Zuträger, wie das Maßband oder die Schere. Und nun war sie nicht einmal mehr zum Annähen von Knöpfen gut.

Ja gut, oft genug hatte die Nähnadel es die anderen spüren lassen, wer und wie wichtig sie war und so mancher hatte seinen Streit mit ihr, aber …

„Ich habe eine Idee“, meldetet sich ein kleiner, unbedeutender Druckknopf aus der vierten Etage, „man müsste diese Höllenmaschine außer Gefecht setzen!“

„Ach du, was weißt du denn schon?“, zeigte die Nähnadel, dass sie verletzlicher war als die meisten im Nähkorb angenommen hatten. Sie wirkte, als habe sie schon resigniert.

„Der Druckknopf hat Recht“, überlegte das Maßband, „ein Sabotageakt!“

„Sabotageakt?!“ wiederholten die Stecknadeln im Chor.

„Ja, elektrische Maschinen sind anfällig. Sie laufen mit Strom und haben viele Teile, die kaputt gehen können. Dann sind sie nicht mehr zu gebrauchen. Man kann sie nur noch auf den Müll werfen.“

„Auf den Müll“, stimmte die Schneiderschere zu. Ihr Tonfall zeigte, dass sie etwas ganz besonders Schlimmes mit dem Begriff verband. Ihre jüngste Tochter, die Nagelschere, hatte einmal durch Unachtsamkeit auf dem Tisch in einer Pfütze von verschüttetem Teewasser gelegen und war nicht rechtzeitig abgetrocknet worden. Rost hatte sie befallen und so wurde sie einfach über den Hausmüll entsorgt. An ihrer Stelle kam ein Nagelknipser in den Haushalt. Ein übler, arroganter Bursche, der weit weg vom Nähkästchen in einem ledernen Etui zusammen mit Nagelfeilen aufbewahrt wurde.

„Ich habe einen Plan“, posaunte das Maßband und bat die anderen Bewohner des Nähkästchens näher zu kommen. „Als erstes brauchen wir einige Freiwillige, die sich rüber schleichen und in einer Kommandoaktion die Nähmaschine lahm legen. Ich will betonen, dass es sich hierbei um ein Himmelfahrtskommando ist. Eine Heimkehr ist fast ausgeschlossen!“

Schweigen machte sich breit. Das war nun doch etwas anderes, als lauthals Parolen zu rufen und Lippenbekenntnisse auszustoßen. Das war eine ernste Sache auf Leben und Tod.

„Ich will es machen“, trat der kleine Druckknopf vor, der die Idee für eine Aktion zur Rettung der Nähnadel hatte. „Ich bin bereit.“

„Du halbe Portion, du fällst doch schon durch die kleinste Öffnung und bleibst ungenutzt auf dem Boden der Nähmaschine liegen. Ich werde vorangehen und euch zeigen, wie man so etwas macht“, warf sich der Fingerhut in seine metallene Brust

In null Komma nix brach eine regelrechte Heldeneuphorie aus, und jeder wollte sich als erster auf die neue Nähmaschine stürzen und mit seinem Leben dem Leben des Monstrums ein Ende setzen.

„Halt, halt, beruhigt Euch doch wieder. Denkt doch einmal nach.“ Das Maßband verschaffte sich Gehör. Mit Kopfschütteln lehnte es das Ansinnen der Schere ab, sich todesmutig auf das Stromkabel zu stürzen und es mit einem Schnitt zu zertrennen und so die Nähmaschine lahm zulegen.

„Du bist doch viel zu groß, man wird sofort einen Sabotageakt vermuten, und dann sind wir alle in Gefahr. Nein, der Druckknopf hat schon recht, gerade weil er so klein ist, kann er unbemerkt in die Maschine eindringen und ein kleines Rädchen daran hindern, sich zu drehen. Und wenn er gefunden wird, fällt es nicht auf. Er ist eben bei einer Nähaktion hineingefallen.“

„Ich will auch mitmachen“, drängte sich eine Stecknadel mit einem roten Kopf vor.

„Ja, eine Stecknadel geht auch“, urteilte das Maßband und auch das Stück von der schwarzen Garnrolle wurde als Freiwillige losgeschickt. „Du musst dich nur fest genug um eine Welle winden und damit den Betrieb blockieren.“

Feierlich wurden die Freiwilligen von allen verabschiedet. Die Nähnadel war ganz gerührt und bedankte sich bei jedem Helden ganz persönlich.

So lief die Aktion an und rollte, wie vom Maßband vorhergesehen, wie am Schnürchen gezogen, ab.

Nachdem die Maschine durch acht Ausfälle ihre Arbeit nicht richtig ausführen konnte, wurde sie wieder in die Pappverpackung getan und auf dem Hängeboden verstaut. Dies hatte ein Hemdknopf berichtet, der alles mit eigenen Augen gesehen hatte, bevor er abgeschnitten wurde, weil das Hemd nicht mehr getragen wurde und er dann zurück in das Nähkästchen gekommen war.

Auch die meisten Freiwilligen kehrten mehr oder weniger unverletzt zurück. Nur das Stück Bindfaden wurde in dem schon erwähnten Mülleimer entsorgt. Und auch der tapfere kleine Druckknopf hatte es nicht geschafft. Bei seinem Einsatz, ein Rädchen zu sabotieren, war er zu dicht heran gekommen und wurde von dem Rad zerquetscht. Die Maschine allerdings stand durch diese heldenhafte Tat eine ganze Woche lang still, bis man den armen kleinen Druckknopf gefunden hatte.

So ging bald alles seinen gewohnten Gang und die Nähnadel durfte wieder ihre Arbeit verrichten.

Dass sie bald wieder die alte, sprich die Eingebildete war, ärgerte die anderen Einwohner des Nähkästchens. Aber davon wird in der nächsten Geschichte erzählt.

3. Ein einzelner Knopf macht noch keine Revolution

Ich weiß nicht, ich weiß nicht, ich weiß nicht", zermarterte sich das Maßband schon seit Stunden das Gehirn. „Ich komme nicht dahinter, warum der Knopf nicht in akkurater Reihe mit seinen Kollegen sitzt."

„Weil er es nicht will", klärte die Nähnadel das Maßband auf, „er ist ein Individualist. Er macht eben nicht das, was alle machen. Glaub mir", schüttelte die Nadel resignierend das Öhr. „Ich habe es mit gutem Zureden versucht, mit Drohung und mit Versprechungen. Der Knopf war nicht zu bewegen stillzuhalten, so dass ich ihn an der richtigen Stelle annähen konnte."

„Aber was treibt diesen Knopf um, das er so aufsässig ist? Wer hat ihm nur solche Flausen in den Kopf gesetzt?", fragte die alte Schneiderschere, die zu der Unterhaltung zwischen der Nähnadel und dem Maßband hinzugekommen war.

„Und was", ängstigte sich der Fingerhut, „wenn andere auch auf die Idee kommen, sich nicht an ihren von der Natur gegeben Plätzen einzufinden und ihrer Bestimmung zu folgen? Wenn sie sich aufspielen und etwas Besonders sein wollen? Man muss ihnen Einhalt gebieten, der Ordnung wegen!"

Der Knopf, von dem die Rede war, hatte die Bemerkung des Fingerhuts mitbekommen. Er fühlte sich provoziert: „Wer bestimmt denn, wer wir sind? Wer sagt denn, dass ich nicht auch ein Fingerhut sein könnte, oder ein Maßband oder eine Schere? Wer hat denn diese Ordnung festgelegt? Wer sagt denn, dass es nicht auch anders sein kann?"

Erschreckte Rufe klangen aus dem unteren Fach des Nähkästchens. Es waren einige Druckknöpfe, die nicht mitbekamen, über was oben gesprochen wurde. Allein der Ton der Unterhaltung hatte sich im unteren Fach bedrohlich angehört.

„Naja“, war sich die Schere in dieser Sache ziemlich sicher, „dazu müsstest du erst einmal solche scharfen Schneiden wie ich haben, mit denen du locker den stärksten und festesten Stoff zuschneiden kannst. Oder kannst du etwa dies hier“, schnappte und klapperte sie mit ihren Scheren, dass das Nähgarn, das zufällig vorbei kam, schleunigst sein Garn einholte, damit es nicht versehentlich zerschnitten würde.

Die Nähnadel widersprach ebenfalls dem aufmüpfigen Knopf und war bereit, den Knopf in seine empfindlichste Stelle zu stechen.

Das Maßband konnte keinen solchen drastischen Beweis seiner Fähigkeiten bringen, hatte aber die Zustimmung der anderen, dass der Knopf ja wohl kaum eine Spannweite von gut zwei Metern vorweisen könne. Ausgerollt natürlich. „Und Zahlen, um die Abstände zu messen, sehe ich auch keine.“

Der Knopf gab seinen Eigensinn trotz Unverständnis der anderen Mitbewohner noch immer nicht auf. Trotzig zeigte er auf den Fingerhut: „Na schön, aber eine Arbeit wie der da kann ich schon lange erledigen.“

Nachdenkliche Stille kehrte ein. Der Fingerhut suchte nach Unterstützung und blickte Hilfe suchend in die Runde. Aber keiner von den anderen konnte oder wollte ihm in diesem Moment beistehen.

„Ich glaube, was der Knopf sagt, ist richtig“, mischte sich die Stecknadel mit dem roten Kopf ein. „Die Haut des Knopfes ist ziemlich dick. Er kann einen Stich aushalten. Es ist Horn, habe ich nicht Recht?“

Der Knopf nickte. Ja, er war stolz auf seine Festigkeit. Schon jahrelang war er an der Jacke eines Jägers angenäht und hatte die halbe Welt gesehen. „Einmal, es muss vor zwei oder drei Jahren gewesen sein, da war ich auf einer Pirsch in einem dunklen Wald und beinahe wurde ich von einem Wildschwein über den Haufen gerannt. Ein Schuss aus der Jagdflinte hat das Borstenvieh noch in letzter Sekunde niedergestreckt. Um ein Haar wäre es schief gegangen.“

Die Spannung der Geschichte lockte weitere Bewohner aus dem Nähkästchen an, und alle versammelten sich um den Knopf. Er erzählte weiter von den aufregenden Zeiten, wenn er zur Jagd unterwegs im Wald war, und wie es ist, wenn man nach einem kühlen, nebligen Morgen die Sonne zwischen den Baumwipfeln aufgehen sieht. Und die vielen Tiere. „Wenn sie aus dem Unterholz auf eine Lichtung treten und die Vögel in den Bäumen die schönsten Melodien singen."

Der Knopf musste der Stecknadel mit dem roten Kopf erklären, was eine Lichtung ist und, vom Unterholz hatte das einfältige Ding auch noch nichts gehört.

„Wie denn auch, ich komme doch nur selten aus dem Nähkästchen heraus. Und dann auch nur, wenn ich mit meinen Kameraden eine Naht abstecken muss, oder um einen Stoff zu fixieren."

„Aber dann brauchst du dich doch gar nicht so anzustellen", sprach die Schere den Knopf auf seinen Eigensinn an. „Du kannst doch soviel im Leben sehen und erfahren, von dem wir anderen nur träumen. Du musst doch dem Fingerhut seinen Platz nicht streitig machen."

„Du hast ja recht", erklärte der Knopf sein Verhalten, „ich hatte ja auch gar nicht die Absicht, dem Fingerhut Konkurrenz zu machen. Es ist einfach mit mir durchgegangen, ich habe mich von ihm provoziert gefühlt."

„Ja, so ist das, wenn man ein Wort an der falschen Stelle sagt", nickte die alte Stricknadel weise, „das kann einen schon in arge Bedrängnis führen. So ist schon so mancher Streit vom Zaune gebrochen worden. Ein Wort wechselt das andere und schon herrschen Zwietracht und Anarchie. Nur gut, dass wir hier alle eine große Familie sind."

Zustimmendes Kopfnicken der Druckknöpfe bestätigte die Aussage der Stricknadel.

„Na dann ist doch alles wieder in bester Ordnung", rief die Schere, froh, dass es nicht zu einem größeren Aufruhr gekommen war. Sie hatte so etwas schon einmal erlebt. Da stand sie für eine Zeitlang als Aushilfe in der Küche in Diensten. „Da ist es manchmal zugegangen wie in einem Tollhaus", erzählte sie, „Ständig gab es zwischen dem Besteck Streitigkeiten, wer für was zuständig ist. Ein Messer war nicht einfach nur ein Messer und ein Löffel nicht nur ein Löffel. Es gab ständig Auseinandersetzungen, wer denn der Wichtigste in der Küche sei. Es war nicht schön. Das Betriebsklima war sehr unangenehm. So war ich froh, als wieder eine richtige Küchenschere meine Arbeit übernommen hat."

„Ja, aber du musst zugeben"„ stichelte der Hornknopf noch ein wenig weiter, „dass manche von uns mehrere Aufgaben übernehmen können. Da stellt sich doch die Frage ob …" in diesem Moment wurde der Knopf aus dem Nähkästchen gehoben. Er sollte wieder an seinen angestammten Platz an der Jägerjacke angenäht werden.

Im Grunde waren alle froh, dass der Knopf das Nähkästchen wieder verlassen hatte. Er wurde doch von einigen als Störenfried angesehen.

Vor allem atmete der Fingerhut auf und freute sich beim Annähen des Knopfes, seine Arbeit verrichten zu können. Die Nähnadel berichtete später von einem triumphalen Lächeln. Ob es der Knopf war oder der Fingerhut, ist nicht bekannt.

DIE REPORTAGEN

Der Einsiedler aus der Wangenhochstraße 35

Der Hauseingang Nr. 35 in der Wangenhochstraße gehört zu einem von fünf Wohnkomplexen der „Hans-Fallada-Siedlung“ im Norden der Stadt. Kein sozialer Brennpunkt wie in anderen so genannten Neubausiedlungen der sechziger und siebziger Jahre. Hier sind die Menschen mit und in ihren Wohnungen alt geworden.

Einer von ihnen ist Ralf Wilbert. 1963 Einzug mit Frau und Kindern in die Wangenhochstraße, 1965 Scheidung von Luise Wilbert und anschließendem Auszug seiner Frau mit den gemeinsamen Kindern Lutz und Hannelore. Der Grund für die Scheidung ist nicht bekannt.

Seitdem lebt Herr Wilbert als Einsiedler in der Besuchertoilette.

Ein Blick kurz nach Betreten der Wohnung durch den Spion in der Tür der Besuchertoilette, vermittelt einen ersten Eindruck von Herrn Wilbert und seinem Leben.

0,94 m × 1,80 m und in der Höhe 2,50 m misst der in dunkelbraunen Fliesen gehaltene Raum. Eine Lüftung ist zu erkennen. Kein Wandschmuck, kein Bild ziert den oberhalb der Fliesen weißgetünchten Raum. Herr Wilbert sitzt auf dem Deckel des Klosetts und hat die Arme in die Hände gestützt. Da der Deckel herunter geklappt ist, erledigt er wohl gerade kein Geschäft.

Dem Klo gegenüber befindet sich ein Waschbecken und darüber ist ein Wandschrank mit Spiegeltüren angebracht. Unter dem Waschbecken steht ein kleines Regal. Einige Putzmittel und Toilettenpapierrollen sind zu erkennen. Ein Bett, eine Pritsche, ist an der Wand der Tür gegenüber angebracht und hochgeklappt. Sie wird wohl nur zum Schlafen benutzt.

Herr Wilbert ist mit einer einfachen Cordhose, einem T-Shirt und einer Strickjacke bekleidet. An den bloßen Füßen trägt er Hausschuhe. Die Haare sind auf einen Zentimeter kurz geschoren. Das Kinn, soweit erkennbar, ist glatt rasiert.

Wie ich einer kleinen Broschüre, die Besuchern und Journalisten zur Verfügung steht, entnehmen kann, wurde der Spion in der Tür, ungewöhnlich für eine Toilette, noch von Herrn Wilbert selber angebracht. Genauso das Bett und die Verriegelung von innen. Welcher Mechanismus einen möglichen Eindringling daran hindert, die Toilette von außen zu betreten, ist nicht bekannt. Vermutlich eine Eisenstange oder ein größerer Riegel.

Unten in der Tür ist eine kleine Klappe, durch die Herr Wilbert mit Lebensmitteln und allem anderen, was man zum Einsiedlerleben braucht, versorgt wird.

Ansonsten gibt das Infoblatt nicht viel her. Weder steht da etwas über die Vorgeschichte des Herrn Wilbert noch über seinen gegenwärtigen Geistes- und Seelenzustand. Ein Bild, fotografiert durch den Spion, zeigt den Eremiten, wie er vor ein paar Jahren ausgesehen hat, und ein zweites wurde, laut Bildunterschrift, um 1963 aufgenommen. Es zeigt neben Herrn Wilbert seine Frau Luise und die Kinder Lutz und Hannelore. Auf der Rückseite der Broschüre wird für eine Feinbäckerei sowie für einen Schlüsseldienst geworben.

Für den Druck der Broschüre zeichnen sich die derzeitigen Mieter der Wohnung Anneliese Schmidt (46) und Horst Schmidt (52) verantwortlich. Er ist leitender Ingenieur in einem Entwicklungsbüro und seine Frau kümmert sich um den Haushalt.

Wir sitzen auf einer gemütlichen Ledercouch. Der Herr des Hauses hat es sich in seinem Fernsehsessel bequem gemacht. Kaffee dampft aus den Tassen und Eierlikör steht in passenden Gläsern auf dem Tisch. Gebäck wird gereicht. „Also“, legt Herr Schmidt seine Stirn in nachdenkliche Falten, „wir leben in der Wohnung so ungefähr an die, an die, an die …“

„Fünf Jahre, im Oktober", hilft die Gattin erinnerungstechnisch aus und rechnet ausschweifend vor: „Am 6.September hat meine Nichte Geburtstag. Sie ist jetzt elf Jahre alt. Damals ging sie in den evangelischen Kindergarten, obwohl meine Schwester und ihr Mann nicht gläubig sind. Dann die Vorschule, die gibt es ja heute gar nicht mehr. Zur Einschulung haben meine Schwester und mein Schwager ein richtiges Fest gegeben. Er ist nämlich aus dem Osten. Bei uns gab es ja so etwas nicht. Ich meine, so mit Verwandten und Freunden einladen. Eigentlich eine schöne Sache."

Frau Schmidt muss kurz nachdenken, um den verlorenen Faden wieder aufzunehmen. Herr Schmidt nickt unterstützend.

„Ach ja, Amela, meine Nichte …"

„Unsere Nichte", und nun möchte auch Herr Schmidt einen Anteil an der Blutsverwandtschaft. „Es ist fünf Jahre her, seit sie eingeschult wurde."

„Sag ich doch."

„Und so lange leben wir in dieser Wohnung."

„Sag ich doch, im Oktober", knufft Frau Schmidt ihrem Ehemann in die Seite, auf dass er ihr das Reden überlasse.

Dieser zählt noch einmal stumm an den fünf Fingern seiner rechten Hand nach und zeigt mir das Ergebnis. Wohl davon ausgehend, dass ich nicht bis fünf zählen kann.

Nun, da die Dauer des Mietverhältnisses der Familie Schmidt geklärt ist, komme ich auf den Untermieter zu sprechen.

Frau Schmidt zuckt mit den Schultern: „Gott ja, die ersten Monate haben wir uns noch um eine Konversation bemüht, aber Herr Wilbert hat nicht reagiert. Er scheint auch kein ausgesprochen lustiger Mensch zu sein. Wir sind da ganz anders."

Herr Schmidt ergänzt mit einem Glänzen in den Augen: „Meine Frau und ich waren sogar schon einmal Karnevalsprinz und Prinzessin, in unserem Karnevalsverein. Meine Frau war die Prinzessin und ich der Prinz", ordnet der Jecke die Geschlechter. „Allerdings nicht gleichzeitig. Die Termine haben nicht gepasst. Man ist in der Session recht viel unterwegs, und das hätte nicht geklappt", fügt der ehemalige Prinz an. „2004 und 2006."

Über das gemeinsame Leben mit Herrn Wilbert berichtet Frau Schmidt: „Herr Wilbert ist nicht sehr anspruchsvoll. Eine Mahlzeit am Tag. Vegetarisch. Sonst nur Wasser aus der Leitung. Wenn ich das Essen mache, koche ich immer etwas mit. Wenn mein Mann und ich auswärts essen, gibt es nur etwas Obst oder rohes Gemüse."

Herr Wilbert sei sehr sauber, wasche und rasiere sich täglich. Etwas eigenartig für einen Menschen, der seit über vierzig Jahren nicht mehr an die Öffentlichkeit gegangen ist, stellte ich fest. Herr Schmidt kann daran nichts Sonderbares finden.

„Nur mit den Haaren, da musste man was machen", fährt Frau Schmidt fort, „das fand ich nicht so schön. Abgesehen davon, dass ich Männer mit langen Haaren nicht attraktiv finde, aber das ist ja Geschmackssache, war doch die Gefahr von Befall von Läusen und anderem Getier ziemlich groß. Da haben wir Herrn Wilbert einen Kopfhaarrasierer geschenkt. Das klappt prima."

Ich möchte von Frau Schmidt wissen, ob sie sich nicht in ihrer Wohnung eingeschränkt fühlt, wenn ein fremder Mensch ständig in ihrer Besuchertoilette wohnt?

„Als Fremden will ich Herrn Wilbert gar nicht bezeichnen", schüttelt Frau Schmidt den Kopf und ihr Mann pflichtet ihr bei: „Es ist, als habe man ein Haustier. Eine Katze, einen Hamster oder eine Schildkröte."

„Sehen Sie", wirkt der Blick von Frau Schmidt etwas traurig, „wir haben keine Kinder. So füllt die Versorgung von Herrn Wilbert die Zeit aus, die sonst Kinder in Anspruch nähmen."

Bei dem nächsten Gedanken hellen sich Frau Schmidts Gesichtszüge auf: „Und das beste ist, wir können abends ins Kino, ins Theater oder schick Essen gehen, ohne dass wir einen Babysitter brauchen."

„Und die Zeit des Zähnekriegens und der Kinderkrankheiten mit nachts am Kinderbett wachen bleibt uns auch erspart. Ich brauche meinen regelmäßigen Schlaf", nickt Herr Schmidt.

„Nicht zu vergessen den Stress eines pubertierenden Jugendlichen“, sieht man Frau Schmidt die Erinnerung an ihre eigene Jugend an.

Mich interessiert die Vorgeschichte des Herrn Wilbert.

„Da können wir Ihnen wenig sagen. Als wir ihn übernommen haben, da haben die Vorbesitzer, ich meine die Menschen, die ihn vorher verpflegt haben, nicht viel über Herrn Wilbert erzählt.“

Wenn ich Genaueres über Herrn Wilberts Geschichte erfahren will, soll ich mich an die Vormieter wenden, raten mir Herr Schmidt und Frau Schmidt.

Dies ist leicht getan, weil der Kontakt zu den Eheleuten Meister noch vorhanden ist.

„Sehr nette Leute“, schwärmt Herr Schmidt. „In unregelmäßigen Abständen besuchen die Meisters uns und den Herrn Wilbert. Aber auch mit ihnen spricht Herr Wilbert nicht.“

Am nächsten Tag suche ich die Familie Meister in ihrem netten, kleinen Eigenheim auf. Sie sind sehr freundlich und bereit, mit mir über Herrn Wilbert zu sprechen.

Luise Meister, ende Fünfzig, schlank, gießt Kaffee in die Tassen. Thorsten Meister, etwas älter, graue Schläfen und schütteres Haar, aber figürlich genauso in Form wie seine Frau, reicht mir den Kuchenteller. „Bis wir uns entschlossen haben, das Haus zu bauen, haben wir zehn Jahre in der Wohnung in der Wangenhochstraße gewohnt. Eine schöne Wohnung, aber es geht doch nichts über ein Eigenheim“, lenkt der stolze Hausbesitzer meinen Blick zum Panoramafenster und hinaus auf den herbstlichen Garten.

„Sie müssten ihn mal im Frühling und im Sommer sehen“, entschuldigt sich Frau Meister für die kahlen Bäume und die leeren Blumenbeete. „Einfach zauberhaft.“

„Nun sind die Kinder aus dem Haus. Frank ist letztes Jahr ausgezogen. Marie lebt schon seit drei Jahren in Amerika. Sie studiert.“ Das junge Fräulein lernt in den USA die Juristerei, erfahre ich vom stolzen Vater. Ein Stipendium für Hochbegabte macht es möglich. Seine Frau legt die entsprechenden Bilder vor.

Dann kommt Herr Meister auf den Grund meines Besuchs. „Als wir 1994 in die Wangenhochstraße gezogen sind, lebte Herr Wilbert bereits achtundzwanzig Jahre in der Toilette. Gesehen haben wir ihn nur durch den Spion in der Tür. Die Frau Elster, unsere Vormieterin, hat uns erzählt, Herr Wilbert hätte dieses Guckloch in die Tür gemacht, damit man merke, falls er gestorben wäre. Dann sollte man ihn ohne viel Aufsehen anonym beerdigen. Kein Kreuz, kein Stein. Ja“, freut sich Herr Meister ehrlich, „nun lebt er also immer noch.“

Gesprochen hat Herr Wilbert damals schon nicht mehr. Nur mit Andeutungen der Hände und mit eher grunzenden Lauten als Tönen machte er sich verständlich, wenn er etwas brauchte. „Aber er war sehr genügsam“, wie Frau Meister betont.

Die Kinder hätten ihm sein Essen durch die Luke in der Tür gereicht, beschreibt Herr Meister den familiären Tagesablauf. Zu besonderen Anlässen wie Geburtstagen, Weihnachten und Ostern wurde der Tisch in den Flur vor die Toilette gestellt. So bezog man den Herrn Wilbert mit ein.

„Ich erinnere mich noch ganz genau an meinen vierzigsten Geburtstag“, schwärmt Luise Meister, „ich habe einen ganz deutlichen „Herzlichen Glückwunsch“ durch die Tür von Herrn Wilbert vernommen. Vielleicht war es, weil ich mit Vornamen Luise heiße, genauso wie seine geschiedene Frau. Wir waren alle so glücklich. Ja, es gab schöne Stunden. Die Kinder haben an Herrn Wilberts Geburtstag Lieder gesungen, und ich habe ihm einen Kuchen gebacken.“

Da das Datum des Wiegenfestes des Einsiedlers nicht bekannt ist, hatten die Meisters kurzerhand einen Tag festgelegt.

Dass die Kinder mit zunehmendem Alter anfingen, Herrn Wilbert zu ärgern und ihn ihren Freunden, natürlich ohne Wissen der Eltern, wie ein exotisches Tier im Käfig gegen Eintritt zu präsentieren, erwähnen die Meisters verständlicherweise nur am Rand. Auch dass geworfene Stinkbomben und Bilder mit hässlich gemalten Motiven, durch die Klappe geschoben, den Umzug in das Eigenheim befördert haben, wird in zwei Sätzen abgehakt.

Die Zeit mit Herrn Wilbert war rundherum schön und wäre nicht zu missen.

Seniorenresidenz am Birkenwäldchen. Wohlbetuchte Bewohner sitzen in der Lobby in bequemen Sesseln und beobachten das Geschehen vor und im Haus. In der Mehrheit ältere Damen. Eine um Jahre jüngere Dame vom Empfang in dunkelblauem Kostüm und mit buntem Halstuch führt mich in den Bibliotheksraum, ausgesuchte Werke der deutschen und internationalen Literatur.

Die Namen Hans und Inge Elster bekam ich noch von den Meisters. Soweit sie wussten, waren sie die ersten Mieter nach dem Rückzug von Ralf Wilbert aus der Öffentlichkeit.

Frau Elsters zierliche Figur wirkt in einem der Ohrensessel fast verloren. Sie sieht mich durch blaue, leicht verblasste Augen an und schnalzt überraschend mit der Zunge. „Es ist jetzt über 44 Jahre her. Eine lange Zeit. Eine lange Zeit für ein Geheimnis. Eine lange Zeit für ein schlechtes Gewissen. Eine lange Zeit für Buße."

Inge Elster wirkt nicht wie eine Fünfundsiebzigjährige. Trotz einiger Gebrechen steht sie dem Leben positiv gegenüber. Und wenn sie an die Vergangenheit zurückdenkt, spielt ein verschmitztes Lächeln um ihre Mundwinkel. „Wir trafen uns das erste Mal in einer Bahnhofswirtschaft. Es war ein Zufall. Ich wusste nicht, dass Ralf meinen Mann Hans kannte. Wie man so sagt, funkte es auf den ersten Blick zwischen uns. Ich war gerade mit meinem zweiten Staatsexamen fertig und er hatte seine erste leitende Stelle angetreten. Dass Ralf eine Frau und zwei Kinder hatte, war mir nicht bekannt. Wir sprachen nicht über unserer Lebenssituation. Es ergab sich nicht." fügt Frau Elster etwas leiser an, und noch etwas leiser: „Später wollte ich es nicht mehr wissen."

Es folgt die Schilderung einer „ganz normalen" außerehelichen Beziehung. Eine gemeinsame einwöchige Reise an den Gardasee, unter Vorspiegelung falscher Reisegründe, zwei Wochenenden konspirativer Prägung auf dem Land und wöchentliche, stundenweise Treffen an wechselnden Orten wie Parks, Museen, Kaufhäuser, einmal eine Führung durch den Untergrund der Kanalisation mit heimlichem Händehalten. Sonst nachmittägliche Besuche diverser Hotels in Stadtrandlage.

Dies ging so bis zu unserer „Enttarnung“, wie sich Frau Elster ausdrückt, durch die Ehefrau von Ralf Wilbert. Der Name der Frau war ihr entfallen.

„Luise“, helfe ich dem Gedächtnis der alten Dame auf die Sprünge.

„Luise, ja, sie hat Ralf zur Rede gestellt, er solle den Namen seiner Geliebten preisgeben, dann würde sie eventuell mit den Kindern bei ihm bleiben.“

Dass dies nicht geschehen ist, legt die bekannte Entwicklung des Geschehens nahe.

„Er wollte mich nicht kompromittieren.“

Welch Edelmut, lieber schließt sich einer für den Rest seines Lebens in eine Besuchertoilette ein, als ein Ende mit Schrecken herbeizuführen. Und so vielleicht einen Neuanfang.

„Als ich von Ralfs Entschluss erfahren habe, haben mein Mann und ich uns als Mieter für die Wohnung in der Wangenhochstraße beworben. Ich wollte nahe bei Ralf sein.“

Auf meinen fragenden Blick schüttelt Frau Elster den Kopf. „Natürlich wusste Hans nichts von meinem Verhältnis und meinen Beweggründen.

Mein Mann starb 1993 an Herzversagen. Ich habe noch ein Jahr gemeinsam mit Ralf in der Wohnung verbracht. Von gemeinsam kann natürlich keine Rede sein. Er sprach auch nach dem Tod von Hans nicht mit mir. Ich hatte auf einen Neuanfang gehofft. Ich hatte umsonst gehofft.“

Frau Elster berichtet, wie sie Tage und Wochen vor der Tür verbrachte, um ihren ehemaligen Geliebten zu überzeugen, dass er aus seinem Eremitendasein zurück in die Welt kommen solle.

Es nützte nichts.

Auch an die geschiedene Frau und an die Kinder hatte sich Frau Elster gewandt, doch auch hier gab es eine Absage. Man wollte keinen Kontakt.

„Schließlich fasste ich den Plan, uns beide zu töten. Doch bevor das Gas den Weg zur Toilette gefunden hätte, wäre eher das ganze Wohnhaus in die Luft geflogen. Außerdem ist eine Lüftung vorhanden."

Ich entsinne mich des Blickes durch den Spion. Und warum hat Frau Elster es nicht mit Gift getan, geht es mir durch den Kopf? Als errate sie meine Gedanken, widerlegt sie meinen Plan auch schon: „Es hätte etwas schief gehen können und er hätte nur fürchterliche Schmerzen gelitten. Dieses Risiko wollte und durfte ich nicht eingehen."

Ich bemerke eine beginnende Abwesenheit der älteren Dame in dem Ohrensessel. Frau Elster zieht sich aus meiner Welt zurück in die ihre. Darin existiere ich nicht.

Vermutlich sitzt sie bei Herrn Wilbert auf der Pritsche in seiner Eremitenbehausung oder weilt mit ihrem Geliebten am Gardasee. Vielleicht bestellt sie auch gerade eine Tasse Kaffee in der Bahnhofsgaststätte und lässt sich von dem Blick eines fremden Herrn verzaubern.

„So hat er fürchterliche Rache an mir genommen. Geliebt hat er immer nur seine Frau."

Die Aufzeichnungen des Friedhelm Lasse

Ob die Alte gerne in dem kleinen Büchlein gelesen hätte, in dem Friedhelm Lasse seine Erinnerungen und Ansichten niederschrieb und das sich in meinem Besitz befindet, kann ich nicht sagen. Sie hat mich jedenfalls nicht darum gebeten.

Sie legt Blumen auf fremde Gräber auf den Friedhöfen am Friedrichshain. Diese Blumen erhält sie von einem Händler, der von Menschen bezahlt wird, um nicht selber Blumen auf die Gräber ihrer Verwandten, Freunde oder auch nur Bekannte legen zu müssen. Die Grabsteine auf den Gräbern, auf denen die Alte jeweils die Blumen niederlegt, erkennt sie an kleinen, von anderen nicht zu bemerkenden Zeichen, die sie in die Seiten der Steine eingeritzt hat. Diese Zeichen hat sie wiederum auf einem Zettel notiert. Der ist an den Kanten schon ganz ausgefranst, und die Unterscheidungsmerkmale sind nur noch schwer zu erkennen. Aber wahrscheinlich kennt die Alte sie mittlerweile auswendig. An die Sträuße steckt sie dann ebenfalls Zettel mit dem entsprechenden Symbol, bevor sie das Gewächshaus am Rand des Friedhofs verlässt um die Gebinde oder Sträuße auf den richtigen Grabstellen niederzulegen oder in Vasen zu stecken.

Und so bringt sie auch frisches Grünzeug auf die Grabstelle des Friedhelm Lasse. Sein Zeichen ist ein Kreis mit einer Blume in der Mitte. Es könnte auch eine geballte Faust sein. Aber ich denke, es ist eine Blume, eine Butterblume.

Ich bin der Alten nach ihrer Arbeit auf dem Friedhof gefolgt, bis zu einem Haus in der Revaler Straße. Dort wohnt sie. Es ist eine schäbige Absteige. Wenn man davor steht, wünscht man sich und noch mehr der Alten, dass im Haus, wenn sie den Flur betritt, eine wundersame Verwandlung vor sich geht und es für sie zu einem rosaroten, in warmen, freundlichen Farben getauchtes Zuhause wird. Nicht allein, weil einem die Alte leid tut, auch weil man niemand wünscht, dass er in solch einer Bruchbude leben muss.

Im Winter ist es bitter kalt und im Sommer zertritt man bei jedem Schritt die knarrenden Treppen hinauf Kakerlaken. Bis in den vierten Stock, in dem die Alte wohnt, fabriziert man einen ganz schönen Berg zertretenes Ungeziefer.

Auf ihr Leben angesprochen, sieht sie mich mit einem merkwürdigen, fast spöttischen Blick an: „Willst du mich adoptieren, mein Kleiner?“

Ich verneine mit dem Argument, dass ich schon zu alt für eine Mutter und zu jung für einen Vater wäre.

„Also, was interessiert dich meine Vergangenheit, wenn du nicht bereit bist, deine Zukunft mit mir zu teilen? Und einen Vater, der sich nicht gekümmert hat, habe ich bereits unter die Erde gebracht.“

Sie ist also die Tochter Friedhelm Lasses.

„Die Blumen für das Grab meines Vaters zweige ich von den anderen Gebinden ab. Denen unter der Erde ist es egal und ihre Angehörigen prüfen es nicht nach. Hauptsache, das Gewissen ist mit den Blumen geschmückt. Wenn ich kräftiger wäre, würde ich den Grabstein mit der niedlichen Madonna von der Grabstelle nebenan auf die meines Vaters setzen. Das schäbige Kreuz fällt sowieso bald der Fäulnis zum Opfer.“

Ich lehne ihr Angebot, eine gute Tat zu tun, ab und schlage ihr vor, sie und ihr Vater könnten sich doch vorstellen, dass der Stein auch für seine Grabstelle gelte. Seinen Namen könne man ja per Stift unter den des eigentlichen Besitzers schreiben. Mit einem Pfeil. Das wäre dann wie ein Doppelgrab.

„Dieser Mann hatte doch gar keinen Namen“, schüttelte der Friedhofswächter den Kopf, als ich ihn vor der Begegnung mit der Alten nach Friedhelm Lasse befragt hatte.

„Das ist doch nur ein Phantasiename, ausgedacht von der Alten. Ich bin schon vierzig Jahre hier tätig, und fast genauso lange liegt dieser Vater dort unter der Erde. Sie hat ihm einen

Namen gegeben weil die Behörden einen brauchten. Die Bezeichnung „Vater“ reicht nicht für eine Grabstelle. Steht in den Friedhofsvorschriften. Und auch „schlechter“ Vater geht nicht. So hat sie sich den Namen ausgedacht.“

„Ich finde, dass es ein schöner Name ist“, nickt die Alte. „Wenn Sie mich adoptieren, werde ich Ihnen auch einen Namen geben“, macht sie mir einen durchaus interessanten Vorschlag.

Was könnte man alles mit einem neuen Namen erreichen? Womöglich wäre auch ein Titel dabei. Ein Doktor?

„Was nützt Ihnen ein Doktortitel, wenn Sie in der feuchten Erde liegen und die Maden und Würmer an Ihnen nagen?“

Ich erwidere, dass es um die Unsterblichkeit gehe und außerdem meine Schriften sich postum womöglich besser verkauften, wenn ein Doktor- oder sogar ein Professorentitel meinen Grabstein schmückten. Bei „Grabstein“ mustert sie mich etwas misstrauisch. „Bin ich als Erbin verpflichtet, einen Stein auf ihr Grab setzten zu lassen?“

Ich gebe ihr den Tipp, eine Stelle für mich auszusuchen, in deren Nachbarschaft ein ansprechender Grabstein stehen würde, und dann könnte sie, wie bei ihrem richtigen Vater, mit dem Edding meinen Namen unter den …

„Auf der anderen Seite des Grabes meines Vaters“, unterbricht sie mich und ihre Miene hellt sich auf, „ist gerade eine Grabstelle abgelaufen. Dort können Sie sich beerdigen lassen.“

Sie erklärt mir weiter, dass es dann mit dem Grabstein mit der kleinen Madonna für sie einfacher wäre. Auf der Vorderseite stünde der Name des verzweifelten Vaters und auf der Rückseite fände man dann meinen Namen. Mit Edding geschrieben und einem Hinweispfeil.

„Könnten Sie mir den Gefallen tun und ihn selber schreiben, wenn es soweit ist? Meine Augen sind nicht mehr die besten. Ich möchte ihren Namen doch nicht falsch schreiben. Was würden die Leute sagen? Was wäre ich für eine Tochter, die den Namen ihres Vaters nicht schreiben kann. Noch dazu, wenn ich ihn selber ausgedacht habe. Auch wenn es nur ein Adoptivname ist.“

Es war Zeit, die Alte zu enttäuschen. Bei aller guten Absicht ihrerseits habe ich noch nicht vor, so bald das Zeitliche zu segnen. Dass die Stelle neben dem Grabstein, der auch für mich ausgesucht wurde, frei ist, ist für mich kein ausreichender Grund zu sterben. Warten wir noch einige Jährchen, wenn dann der Platz noch frei ist, können wir noch einmal darüber reden, vertröste ich sie.

Meine Absage nimmt sie recht sportlich, auch wohl, weil ich sie zum Essen einlade und noch einen neuen Wintermantel drauflege. Es ist schon empfindlich kühl.

Beim Italiener in der Boxhagener Straße kommt sie dann auf ihren leiblichen Vater zu sprechen: „Eines Tages stand er vor meiner Wohnungstür. Damals lebte ich noch in besseren Verhältnissen. In der Bleibtreustraße in West-Berlin. Hinterhof, vierter Stock. Es war zur Zeit der Revolution."

Sie meint die Achtundsechziger.

„Ich lief in der ersten Reihe, und ich kämpfte an der vordersten Linie. Die Tränengasgranaten flogen uns nur so um die Ohren. Die Knüppel der Bullen tanzten auf unseren Köpfen. Platzwunden und Knochenbrüche waren an der Tagesordnung. Ich war mehr als einmal tot."

Sie hat schon in das finstere Reich gesehen, daher die Einstellung zu Gräbern und Grabsteinen, denke ich mir.

„Es war an einem kühlen Morgen nach einer hitzigen Nacht. Etliche von uns hatten die Bullen vor dem Amerika-Haus krankenhausreif geschlagen. Ich selber kam mit einem blauen Auge davon."

„Wer hat dir denn dieses hübsche Veilchen verpasst", ahmt sie eine tiefe Männerstimme nach und beschreibt einen lachenden, alten, zahnlosen, unrasierten, in Lumpen gehüllten Mann, der vor ihrer Wohnungstür stand. „Er stank wie ein Fuchs."

Es war der Vater der Alten. Friedhelm Lasse.

„Mir fehlten die Worte, als er mir so gegenüber am Tisch in der Küche saß, den heißen Kaffee schlürfte und dazu das Margarinebrot verzehrte. Margarine war das einzige, was im Haus war. Keine Wurst, kein Käse. Ich war versucht, eine Ähnlichkeit zwischen ihm und mir herauszufinden."

Ich betrachte die Alte, und kann mir gut vorstellen, wie ihr Vater ausgesehen hatte.

„Damals war ich natürlich noch jung und knackig. Ohne Anstrengung hätte ich dir das Genick gebrochen“, sieht sie mich mit finsterer Miene an und dreht ihre Hände, als wringe sie ein Handtuch aus. „Und ihm schon allemal. Hätte ich es zu diesem Zeitpunkt getan, wäre es mir auch noch leichter gefallen. Er war ein Nichts, ein Niemand, ein Penner, der an meinem Küchentisch saß und meinen Kaffee trank und meine Margarine aß. Schnaps hatte ich nicht vorrätig. Mit dem letzten hatten wir uns den Abend zuvor die Wut auf die Bullen für die bevorstehende Schlacht auf dem Ku’damm angesoffen.“

Als habe sie nur auf das Stichwort gewartet, nimmt sie, als der Kellner nicht zu uns sieht, einen kräftigen Schluck aus der Wodkapulle, die ich zusammen mit dem Wintermantel gekauft habe. Sie besteht darauf, die Flasche unter dem Tisch zu halten. Obwohl auf dem gedeckten Tisch eine Flasche Wein steht. „Die kriegen wir auch noch alle.“

Ein gekonnter, zwei Oktaven umfassender Rülpser, macht schon mal Platz in ihrem Magen.

„Ich hätte den Kerl einfach aus dem Fenster werfen sollen. Komm mal hier herüber, hätte ich sagen sollen“, erhebt sich die Alte und macht mir im Lokal vor, wie sie ihren Vater an das Fenster geführt, ihn sich hätte hinauslehnen lassen und dann mit einem Tritt heraus und hinunter auf den Hof zwischen die Mülltonen befördert hätte.

„Es wäre ein Unfall gewesen“, nimmt sie wieder Platz, bevor der Kellner sie mahnen kann, ihre Stimme zu senken. Auf den Weg hat er sich schon gemacht, schwenkt aber gekonnt nach rechts, um einen leergegessenen Teller eines anderen Gastes abzuräumen.

„Wahrscheinlich wäre ich freigesprochen worden. Er war ein großer Mann, auch wenn er ziemlich gebückt lief. So einer fällt schnell mal aus dem Fenster. Kommt bestimmt jeden Tag hundertmal vor.“

Ich kenne die Statistik über aus dem Fenster gefallene groß gewachsene, gebückt laufende Männer nicht, so kann ich dazu nichts sagen.

„Nach dem Margarinebrot und dem Kaffee hat er sich zurück gelehnt und gesagt, ich soll ihn töten. Deshalb käme er zu mir.“ Ein etwas ungewöhnlicher Wunsch, für einen Vater der seiner Tochter das erste Mal im Leben gegenübersitzt. Ebenso hätte er eine X-beliebige auf der Straße ansprechen können, finde ich.

„Er nahm sich das Recht heraus, weil er mein Erzeuger war, von mir, aus seiner Existenz und seinem Elend, befreit zu werden und weil ich ein Recht hatte, es ihm heimzuzahlen.“

Ich blättere in dem schwarzen Buch des Friedhelm Lasse, obwohl es Überwindung kostet, da es speckig und voller Eselsohren ist.

Ich lese vor: „September 1968. Heute werde ich mein Leben beenden lassen. Sie wird mir den Strick für meinen Hals drehen oder die Pistole an die Schläfe setzen. Sie ist es mir schuldig.“

„Wieso, denkst du?“ fragt sie mich, „ist er davon ausgegangen das ich eine Pistole besitzen könnte?“

Den Studenten der Achtundsechziger war alles zu zutrauen. Man konnte die Horrorgeschichten zu jener Zeit tagtäglich in der einschlägigen Presse nachlesen.

„Er hat nie im Leben Zeitung gelesen. Er war ein Ignorant. In gut zwei Stunden hat er mir sein ganzes Leben erzählt. Von dem Tag an, als er meine Mutter geschwängert hat bis zum Kaffee mit Margarinebrot. Davor war Geburt, Kinderheim, Jugendarrest, Arbeitsdienst, Wehrmacht, Kriegsgefangenschaft. Dazwischen wechselten sich Gefängnis, Straße, Gefängnis, Straße, Straße, Gefängnis, ab“, zählt sie ihre Erinnerung an den Fingern nach.

Eine zwangsläufige Karriere für einen, der sich von seiner Tochter, die ihn niemals zuvor gesehen hat, eine Kugel in den Kopf schießen lassen will.

„Er wollte von mir den Gnadenschuss.“

„Nur Pferden gibt man den Gnadenschuss“, fällt mir der Titel eines amerikanischen Spielfilms ein. In der Hauptrolle Jane Fonda. Regie: Sydney Pollack.

Hatte auch der Vater von der Alten getanzt, so war er nicht besonders talentiert. Einen Preis hätte der sowieso nicht bekommen. Na ja, wer von uns ist schon so ein guter Tänzer, dass es für den Preisrichter reicht, die Bestnote zu vergeben.

„Er hat mir diese widerlichen Geschichten erzählt. Wen er wo zusammengeschlagen hat, meist im Suff, in welche Häuser er eingestiegen ist, wie oft er Damen die Handtasche geraubt hatte, wie oft er zusammengeschlagen wurde, auch meist im Suff, und was er im Krieg gemacht hatte."

Über diese Erlebnisse schweigt sich die Alte aus. Es ist ihr anzusehen, warum sie eine Terroristin werden wollte, zu dieser Zeit. 1968.

„Dann hat er meine Mutter geschlagen. Windelweich hat er sie geprügelt. Und nicht nur im Suff. Ich weiß bis heute nicht, ob er einfach nur dumm war oder naiv oder berechnend, mir das zu erzählen? Nach dieser Erzählung jedenfalls zog ich die Pistole aus der Küchentischschublade vor mir, zog durch und schoss ihn mitten ins Gesicht.

Er fiel durch den Rückstoß nach hinten mit dem Stuhl um und blieb so liegen. Die Beine lagen auf dem umgestürzten Stuhl wie beim Frauenarzt auf dem Gynäkologen Stuhl."

Erst die eintreffende Polizei und ein Notarzt hatten die Alte, damals noch nicht so alt, aus ihrer erstarrten Haltung befreit.

„Die Nachbarn haben die Bullen gerufen. Der Knall des Schusses hallte über den ganzen Hof."

Die vernehmenden Polizeibeamten fragten sie nach ihrem Motiv.

„Lieber hätte ich ihm einen Gefallen getan. So habe ich aus Hass geschossen."

Wäre er, wie schon erwähnt, aus dem Küchenfenster der Alten gefallen, hätte sie dieses Ereignis in tragischer Erinnerung behalten. Zerschmettert auf dem Betonboden des Hofes bliebe mit der Leiche auch die doch, tief in des Toten Seele, vorhandene Liebe und die Trauer über ein nicht gelebtes Vater-Tochter-Verhältnis verborgen. Sie hätte es sich wenigstens einbilden können. Doch so.

„Ich wollte in den Untergrund abtauchen. Alles war bereit. Es wurde auch höchste Eisenbahn. Ich war nicht mehr die Jüngste. Etliche Jahre hatte ich mich im Dunstkreis von Studenten herum getrieben, vorgegeben, dass ich schon ziemlich lange studierte. Was, hatte ich so gut es ging verschwiegen. Mal deutete ich ein wenig Germanistik, mal ein wenig Geschichte an. An Medizin und Juristerei traute ich mich nicht heran. Ich hatte das unbestimmte Gefühl, damit aufzufliegen. Gelebt habe ich von Putzjobs in aller Frühe. Wenn die anderen nach durchdiskutierten Nächten im „Café Hardenberg“ müde schlafen gingen, habe ich den Wischmob geschwungen, bei den Firmen, die noch in der Nacht vorher, bei Bier und Schnaps beschlossen, demnächst abgefackelt werden sollten.“

Der Alten kam die Radikalisierung der Linken Ende der Sechziger Jahre gerade recht. Endlich hatte sie eine Aufgabe. Ein Sinn bildete sich heraus. Ulrike Meinhof war auch nicht jünger. Und wenn alles vorbei war, konnte sie sich eine Revolutionärin nennen. Auch wenn die Revolution nur eine untergeordnete Rolle spielte. Sie, die Alte, hätte in der ersten Reihe gestanden. Man hätte sie beachtet, gefürchtet, vielleicht sogar geliebt und verehrt. Bücher hätte sie schreiben können, Erinnerungen und Darstellungen ihrer Sichtweise und ihres Lebens.

„Kann man doch heute von jedem Schmalspurterroristen an jeder Ecke kaufen. Kämpfen für eine gerechtere Welt. Und ich war auf dem Sprung. Waffen und Pässe waren schon besorgt, Pläne für Attentate ausgearbeitet und der Aufenthalt in einem palästinensischen Ausbildungslager war gebucht und schon bar bezahlt. Alles mit Scheuern, Wischen und Bohnern.“

Und nun war die Alte, die damals noch keine Alte war, eine ganz gewöhnliche Kriminelle. Nichts war mit Anarchie und Revolution. Sie hatte einem armen, kranken, hilflosen Mann, der nur ein wenig Zuneigung brauchte, in den Kopf geschossen. Nicht mal das Motiv Habgier konnte ihr unterstellt beziehungsweise angerechnet werden. Niedrigste Beweggründe, hieß es, und so stand es unter dem Urteil.

„Diese Boulevardblätter haben meine Absicht, eine Terroristin zu werden, unterschlagen. Keine Zeitung oder eines der anderen Medien haben meine revolutionäre Einstellung erwähnt. Selbst die nach meiner Verhaftung durchgeführte Hausdurchsuchung hat keine Hinweise auf meine Absicht, in den Untergrund zu gehen, hervorgebracht. Wo zum Teufel haben die Bullen meine Flugblätter gelassen, und wer hat die Briefköpfe für die Bekennerschreiben unter den Tisch fallen lassen? Hallo? Ich hatte drei Pässe auf meinem Küchentisch liegen, einer ausgestellt auf einen libyschen Namen. Mit meinem Passfoto."

Man sieht der Alten ihre Verzweiflung an. Sie hatte keinen Vater und lebte und hatte Pläne, Menschen in die Luft zu sprengen und zu entführen und damit berühmt zu werden, und am Ende kam dieser Mann und hat ihr nicht nur das Leben versaut – gut, in den Knast wäre sie sowieso gewandert –, auch hatte er sie mit Selbstzweifeln zurückgelassen.

Solche Gefühle kannte sie nicht.

„Was ging mich dieser alte Trottel an? Warum hatte ich Schuldgefühle? Warum habe ich darüber nachgedacht, was gewesen wäre, wenn ich ihn nicht umgelegt und stattdessen für ihn gesorgt, mich um ihn gekümmert, ihn bei mir wohnen lassen, ihm seine Kleider gewaschen und für Essen gesorgt hätte? War es das, was er wollte? Kam er deshalb zu mir? Hat er damit gerechnet, dass ich ihm am Ende des Gespräches doch noch die Absolution für seine Nichtexistenz als Vater geben würde? Für die Brutalität an meiner Mutter? Oder war doch der Schuss in den Kopf die Freisprechung?"

Mit der halbleeren Flasche Wodka in der Hand und den Kragen ihres neuen Mantels hochgeschlagen, schwankt die Alte die Sonntagstraße herunter. Das grün-gelb-rote Licht der Ampel spiegelt sich auf nassem Asphalt. Ein leichter Regen fällt, und es fröstelt einen.

Es wäre ein schönes Bild für einen Buchumschlag mit dem Titel: „Aufzeichnungen einer verhinderten Revolutionärin."

Laut Friedhofswärter lagen die ersten Blumen auf dem Grab Friedhelm Lasses fünfzehn Jahre nach dessen Bestattung. An das Begräbnis konnte sich der Mann noch gut erinnern: „Außer den Sargträgern und dem Pfarrer stand nur eine junge Frau in Begleitung von zwei Justizbeamten an dem Grab."

Die Aufzeichnungen, das kleine schwarze Buch, lege ich zwischen die vielen Papiere, Zeitungsausschnitte und anderen Krempel, der demnächst mal entsorgt werden sollte. Unbedingt! Sonst kann man sich ja in der Wohnung nicht mehr bewegen.

Die Last des Geldes

Das Gesicht mit einer leichten Rotfärbung, die Hände knöchern, unsicher vergraben in einer Serviette aus Brüsseler Spitze. Dann greifen sie zitternd nach dem Glas, das gefüllt ist mit rotem Wein aus dem Badischen. Trotz des Tatterns geht kein Tropfen daneben. Geübt ist geübt.

„Die können mich alle am Arsch lecken. AM ARSCH LECKEN! Verstehen Sie, verstehst du?!“, wiederholt Dieter D. die Aufforderung mit gehobener Stimme und einem leicht feuchten badischen Akzent.

Die anderen Gäste nehmen keine Notiz. Auch ihnen, so vermitteln ihre entschlossenen Gesichter, kann man getrost am Allerwertesten lecken.

Allerdings, glaube ich, hat kein Mensch, zumindest kein Mensch ohne ausgeprägten Hang zum Bizarren, das Bedürfnis, den Arsch von Dieter D. oder den von einem der anderen anwesenden Banker oder Geschäftsmännern zu lecken.

„Wir sind doch nur der Abschaum, der Dreck, der Müll“, beschreibt Dieter D. mit weinerlicher Stimme seine Stellung innerhalb der Gesellschaft und hat in den Augen einiger Mitmenschen damit sicherlich nicht ganz Unrecht.

„Was habe ich mir den Arsch aufgerissen für diese Gesellschaft, für diese Republik, für die Aktionäre.“

Schon wieder das Hinterteil von Dieter D. Es muss schon ganz wund sein, von den vielen Striemen, die der Vorstandsvorsitzende, in seiner Vorstellung, von den Sozialneidern, auf seinen edelsten Körperteil ertragen hat.

„Bundesverdienstkreuz, Gipfeltreffen im Bundeskanzleramt, Wirtschaft gerettet, Flugreisen mit Halbpension für die Hälfte dieser Politikerbande! Allein der private Sicherheitsdienst hat mich, ich meine die Firma, ein Vermögen gekostet. Stellen Sie sich, stell du dir nur mal vor was passiert wäre, wenn die bundesdeutschen Käsegesichter von Volksvertretern allein im Rotlichtbezirk von Barbadeo flaniert wären?! Hätten sich die Deutschen glatt neue Volksvertreter anschaffen müssen. Aber der Strand, traumhaft! Und die Mädels, traumhaft!" Dieter D. flüstert mir zu, als ob es irgendjemand in diesem Lokal nicht schon wissen würde: „Die Steuervorteile, traumhaft."

Im „Chez Heinrich"[1], wo sich Aufsichträte, Geschäftsführer und Vorstandsvorsitzende wie Dieter D. nach anstrengenden Arbeitstagen ihre Wunden lecken, haben wir uns verabredet. Nach langen Telefonaten und einer noch längeren Überredungsarbeit konnte ich den Chef einer der größten Banken in Deutschland mit mehr als hundertzwölftausend Angestellten dazu bewegen, mir von seinen Ängsten, Selbstzweifeln und seinem in gewissen Momenten zutrage tretenden schlechten Gewissen zu erzählen.

Die Zusage für dieses Treffen erfolgte per Zettel in einem toten Briefkasten in einem Sektkühler im Cafe Holz[2] am Gendarmenmarkt im Berliner Bezirk Mitte. Dann eine abenteuerliche Anfahrt, mehrmals das Taxi wechselnd und von Dieter D.s Chauffeur am Autobahnkreuz Wannsee aufgegriffen und hinter getönten Scheiben zum Treffpunkt gebracht.

Da sitzen sie. Einsam an Tischen, vereinzelt hinter Sonnenbrillen versteckte, gerötete Augen und Tränensäcke von Achtzehn-Stunden-Tagen. Schwarzbebrillt, auch weil es sich herum gesprochen hat, das ein Fremder anwesend ist. Fotografieren streng verboten, versteht sich von selbst.

Blaue und graue Anzüge, keiner von der Stange. Krawatten, Tücher, goldene Uhren an Handgelenken und in Westentaschen. Keine weißen Westen.

„Wir sind nur Abschaum", wiederholt Dieter D. und versucht sich mit dem Blick in die Speisekarte von seinem Elend abzulenken.

---

1 Name geändert.
2 Name geändert.

„Aber es schmeckt nicht mehr“, beklagt sich der Banker weiter. „Selbst die sonst zarten Jungschweinebäckchen und die frischen Jakobsmuscheln liegen wie Steine im Magen. Ich sehne mich“, blickt Dieter D. sich vorsichtig um, dass kein Kollege sein freimütiges Geständnis hört, „nach einer Currywurst, fett mit Pommes und Majo, bestellt man das nicht so an einer zugigen Wurstbude mit Flaschenbier? Neben mir ein Hartz-4-Empfänger mit seinen drei ungewaschenen Kindern. Eines der bedauernswerten Geschöpfe schlägt mir, vom Hunger getrieben, meine Pommes aus der Hand, und er und seine Geschwister machen sich über die auf der Erde liegenden Kartoffelstreifen her.“

Pommesbude und Sozialbotschaft? Dieter D. hat offensichtlich gestern Abend den „Tatort“ gesehen.

„Ich habe noch ganz andere Wünsche“, gesteht der Geldmacher weiter. „Noch ganz andere Träume. Sie würden staunen.“

Ich nicke dem Manager aufmunternd zu.

„Aber Sie veröffentlichen doch nichts von dem, was ich Ihnen sage?“ spielt Dieter D. den Ahnungslosen. Dann nimmt er einen tiefen Schluck Badenser Weins.

Ich versichere es ihm und kreuze die Finger auf dem Rücken.

Ein weiterer Herr sieht erst verstohlen zu uns herüber, gibt sich einen Ruck und wechselt den Tisch.

„Ich habe Ihr Gespräch mit angehört und muss es loswerden: Ich habe gestern, während der Vorstandsitzung, von Schmalzstullen geträumt. Aber das Schmalz war so zart auf der dünnen Scheibe Brot verteilt, dass man kaum den Geschmack wahrnahm. So muss es meinem Vater ’46, nach dem Krieg geschmeckt haben. Und Kartoffelschalensuppe. Aus! Alles in Trümmern. Er hat die Fabrik seines Vaters dann Stück für Stück wieder aufgebaut. Rüstung. Aus den Trümmern des verlorenen Krieges. Erst auf den Schultern der Frauen, dann auf den Schultern der Heimkehrer und dann auf den Schultern der Italiener, der Spanier und zuletzt denen der Türken. „Seiner Türken“, wie er sie immer noch respektvoll nennt.

Schon mein Großvater hat seinen Erfolg auf viele Schultern verteilt. Die meisten kamen damals aus dem Lebensraum im Osten. Das waren *seine Russen*. Ich habe nur die Schultern aus dem neuen deutschen Osten", hebt der Mann selbstmitleidig die Schultern, „die sind nicht besonders breit. Willig ja, aber vierzig Jahre Sozialismus haben da einige Spuren hinterlassen. Und Steuervorteile und Subventionen sind nicht alles."

Nun ja, betrachte ich mir die Visitenkarte von Martin P. und im Geiste die Börsenbilanz seines Unternehmens vom letzten Freitag, für einen mit solch einer Bilanz müssen die Schultern der Arbeitnehmer aus den nicht mehr ganz so neuen Bundesländern doch schon recht stabil sein.

„Ja, aber", will der Herr noch die Abgaben vor der Steuer einwerfen, wird jedoch von mir auf das eigentliche Interesse meinerseits zurückgeführt.

„Mein Leben in meinen Träumen? Abseits von Bilanzen und Dividenden?"

Martin P. zögert einen Augenblick. Dann sprudelt es aus ihm heraus: „Ich habe alles verloren. Villa, Motorjacht, Sportwagen, meine Konten, meine Frau und meine Geliebte. Meine Kinder verleugnen mich und meine eigene Mutter streitet meine Ansprüche auf das Erbe meines Vaters ab und meint, ich wäre eigentlich der Sohn eines DDR-Flüchtlings vor dem Mauerbau. Ich bin ein Kommunist. Ich werde mir zu Hause im Keller, da wo sich jetzt der Fitnessraum befindet, ein Zimmer einrichten, das einem Verhörzimmer im Stasigefängnis in Hohenschönhausen[3] nachempfunden ist. Dort muss ich dann stundenlang auf einem Stuhl sitzen und dem Verhöroffizier den Milliardenkredit in den achtziger Jahren an die DDR, vermittelt von Franz-Josef Strauß, erklären und rechtfertigen. Der Verhörende ist aber ein ehemaliger Bürgerrechtler und er legt mir als Buße auf, hundert Schwerter zu Pflugscharen zu schmieden."

„Und ich", lehnt sich ein dritter Anzugträger von seinem Milchkalbsrücken zu uns herüber, „entführe mich in meiner Fantasie selber und erpresse Gesinnungsgenossen von mir aus den Führungsetagen von der Bundesregierung frei. Dann

3 Berliner Bezirk.

fliehe ich ins Ausland und lasse mich zum Terroristen ausbilden, um mich dann selber in meinem Haus zu überfallen und zu erschießen. Hinzurichten. Zu liquidieren. Mit so einer Tafel vor der Brust: Gefangener der Gier!“

Der Herr, im Ölgeschäft tätig, lächelt zufrieden. Als Sekunden später im stummen Fernseher auf dem Nachrichtenkanal über dem Tresen ein Bericht über die OPEC läuft, erstarrt sein Lächeln zu Eis.

„Ich habe einen ähnlichen, sehnlichsten Wunsch“, nickt Dieter D. dem Hobbyterroristen zu: „Seit damals, 2009. Die Finanzkrise war auf ihrem Höhepunkt, da hatte ich meine Vision das erste Mal. Seitdem hoffe ich ehrlich, dass sich mein innigster Traum erfüllt und dass sie mit uns Schluss machen.“

„Schluss machen?“, frage ich nach.

„Ja, Schluss machen. Ich habe gewartet, dass der empörte Mob, den wir um sein Geld gebracht haben, in meine Bankzentrale stürmt, mich, an Händen und Füßen gefesselt, samt meinem Bürosessel heraus trägt und mich am nächsten Laternenpfahl aufhängt. Drüben vor dem Strickwarengeschäft. Und Frau Schneider, die Ladeninhaberin, übrigens auch eine Kundin, die Geld verloren hat, sieht seelenruhig durch die Fensterscheibe zu, wie sie mir den Strick um den Hals legen. Für einen Moment blicken wir uns in die Augen und sie nickt mir fast unmerklich zu. Sie lächelt. Dann zerren sie mich hoch, und es ist Schluss.“

Der Banker macht eine Geste, dass ihm ein Strick die Luft abwürgt und er röchelt mit heraushängender Zunge: „Eben Schluss machen!“

Den letzten Satz betont Dieter D. etwas zu laut, so dass einige von den Anwesenden Herren die Nase rümpfen.

„Schluss machen“ ist ein Begriff der in Bankerkreisen nicht gerne gehört wird. „Außer er wird in Verbindung mit „Abfindung“ gebraucht“, erklärt Dieter D.

Die weitere Geschichte ist bekannt. Statt des Aufhängens der Verursacher der Krise haben die Kunden sich wieder auf risikoreiche Geschäfte eingelassen.

„So werde ich auf meine Erlösung noch warten müssen.“

In seiner Zehn-Zimmer-Villa mit Dienstpersonal und Dienstwagen.

Wenn es Dieter D. wieder einmal überkommt fährt er nach Frankfurt am Main zu Rita[4]. Rita hat ein Institut im Bankenviertel der Mainmetropole.

„Rita ist richtig böse auf mich, weil sie ein ganzes Paket an Vorzugsaktien im Sommer 2004 verloren hat. Am neuen Markt. Ein Tipp von mir. Es war ihre Altersversorgung. Sie macht es mir umsonst. Das ist der einzige Luxus, den sie sich gönnt. Wenn sie mich an einem extra angefertigten Gerät am Hals aufhängt und mir so richtig den Hintern versohlt, empfinde ich so etwas wie Demut. Demut und ein Stück Zufriedenheit.“

Da ist es wieder das Hinterteil von Dieter D.

Er reicht mir eine Fotografie aus seiner Brieftasche. Das entsprechende Gerät ist einer Straßenlaterne nachempfunden. Im Hintergrund sieht man eine lebensgroße Fotografie an der Wand, auf der ein wütender Mob mit zum Himmel gestreckten Fäusten abgebildet ist.

Zum Abschied gibt mir Dieter D. noch ein paar todsichere Tipps, wie ich mein Geld anlegen kann. Auf meine Frage, ob er sich nicht vorstellen könnte, sein Leben zu ändern und ein „besserer“ Mensch zu werden und sich zurückzuziehen, sieht er mich verdutzt an: „Und wer soll dann das Land führen?“

4 Name geändert.

Rekordversuch

Das Auge durch das Franz[5] mich ansieht, stammt von einem, der ausgezogen war, herauszufinden, wie lange man sich mit einem Fallschirm auf dem Rücken der Erde nähern kann ohne an der …

Sie wissen schon was passiert, wenn man zulange wartet bis sich ein Fallschirm öffnet. Wie der Begriff schon sagt „Fall" und „Schirm." Wenn das zweite zu spät zum Einsatz kommt …

Sie wissen Bescheid.

Das Auge jedenfalls war heil geblieben, und auch noch einige andere Teile waren zu gebrauchen. Franz kann nun, auf dem rechten Auge ziemlich scharf sehen, und zudem auch noch ziemlich lange die Luft anhalten. Praktisch für einen Muscheltaucher. Nun ist Franz kein Muscheltaucher, aber bei einem Wettbewerb bei dem festgestellt wird, wer am längsten die Luft anhalten kann, hätte Franz gute Chance, den ersten Platz zu machen. Aber solche Wettbewerbe liegen Franz nicht.

Franz hat einen anderen Rekord aufgestellt. Er hat es geschafft, mehr als drei Wochen in einem Bus der Linie 32 zu überleben. Bei voller Dienstleistung der Stadtbetriebe. Mit nur einem Päckchen gesalzener Erdnüsse und einer Ziegenblase gefüllt mit Wasser aus der Leitung.

„Das schwierigste war, dem Fahrer und dem Reinigungspersonal aus dem Weg zu gehen. Beziehungsweise, sich zu verstecken. Aber ich habe da einen Trick entwickelt", gesteht Franz. Was das für ein Trick ist, will er nicht verraten.

5 Der Name wurde selbstverständlich geändert, um Regressansprüche von diversen Firmen und Einrichtungen gegen Franz abzuwehren.

Dass Franz dem Personal ausweichen musste, zeigt, wie illegal die Aktion war. Aber Franz liebt die Gefahr und deshalb sind Luftanhaltewettbewerbe nicht seine Sache. Außer, er würde sich mit Muscheltauchern messen können, die von der Nordstadt bis zu den Linker-Wiesen am Stadtrand durch den gefüllten Hauptabwasserkanal mit ihm um die Wette schwimmen würden. Aber dafür Sponsoren zu interessieren, ist beinahe unmöglich.

Diesmal konnte Franz einen Hersteller von Erdnüssen und die städtischen Wasserbetriebe für sich und seine Unternehmung gewinnen.

„Als nächste Aktion plane ich den Aufenthalt in einer öffentlichen Bücherei für mehr als vier Wochen. Diese Operation ist aber noch in der Planungsphase. Da wird mich ein Verlag unterstützen, der sich auf das Verlegen von Gehwegplatten spezialisiert hat."

Für Franz ist gutes Planen und ein Sponsoring das A und O zum Erfolg.

Der Rekord im Bus 32 wurde durch monatelange Vorbereitung erreicht.

Allein die Gewöhnung an die Erdnüsse als Hauptnahrung und die Handhabung der Ziegenhaut brauchte ein Training von mehr als einer Woche.

Auf die Frage nach der Hygiene während eines dreiwöchigen ununterbrochenem Aufenthalts in einem Stadtbus zuckt Franz mit den Schultern: „Zimperlich darf man natürlich nicht sein. Die Fahrgäste haben ja von allem nichts mitbekommen und sind auch meist nur ein Stück mitgefahren. Da wurde schon mal der Nachbar mit einem missbilligenden Blick bedacht. Die Busfahrer werde ich im Vorwort meines neuen Buches erwähnen. Die werden sich schön gewundert haben. Wahrscheinlich dachten sie, ein toter Fuchs lag unter ihrem Sitz", amüsiert sich Franz. Dann wird er ernst.

„Gefährlich wurde es eigentlich nur einmal", gesteht Franz etwas enttäuscht, „ich hatte mich an einer Erdnuss verschluckt und musste das Husten unterdrücken. Durch den Druck entwichen Gase und ich lag in meinem Versteck. Ich hatte nur Glück, dass der Bus gerade auf den Betriebshof gefahren war und ich wieder Luft bekam. Sonst würden wir beide hier nicht zusammen sitzen.“

Eine letzte Frage an Franz, für die sich wahrscheinlich die meisten Leser interessieren, beantwortet der Rekordinhaber:

„Nein, das neue Auge und den Lungenflügel habe ich nicht während einer meiner Aktionen bekommen. Das Auge verlor ich, als ich einmal in den Himmel hinauf gesehen habe und ein Vogel über mir sein Geschäft verrichtet hatte. Die neue Lunge beruht auf der Verwechslung zweier Krankenakten.“

Wir verabschieden uns und Franz nimmt den Bus 55. Er muss jetzt mit den Planungen für die Aktion in der Stadtbücherei beginnen, wenn er sein neuestes Werk, „Wie ich zwischen Büchern überlebte“, noch rechtzeitig zur Leipziger Buchmesse herausbringen will.

Die Tante

Herr Martin hatte schon drei Tage gute Laune. Ganze drei Tage! 72 Stunden gute Laune hieß, er hatte keine Mordgedanken, hasste die schlechten und die überflüssigen Meldungen in den Nachrichten wie ein ganz normaler Mensch, und er hielt sich nicht mit Selbstmordgedanken auf. Auch hatte er von Montag bis zu diesem Mittwoch, von dem Beginn der Geschichte, die Hauswartfrau Lümmel nicht durch irgendeinen Fleischwolf gedreht oder sie in einen Kessel mit kochendem Wasser geworfen, verbrüht und ihr die Haut bei lebendigem Leibe abgezogen. Natürlich tat das Herr Martin nur in seiner Fantasie. Es wäre in seiner Zwei-Zimmer-Dachwohnung, kaum möglich gewesen, die ganzen Apparate und Maschinen aufzustellen, die sich Herr Martin ausgedacht hatte, um die Welt von Leuten wie der oben genannten Hauswartfrau Lümmel zu befreien Nicht weil er ein geistesgestörter Mörder war und wie einer dachte, nein, weil er ein herzensguter Mensch war.

„Wie das?“ fragt man sich nicht zu unrecht.

Herr Martin war ein friedlicher und rücksichtsvoller Mensch. Durch und durch. Ein Beamter im Landwirtschaftsministerium mit einem ausgeprägten Sinn für Gerechtigkeit und einer großen Güte.

Zum Abwaschen legte er immer eine Gummimatte mit Noppen in das Wasserbecken. Damit die Gläser und Tassen nicht ausrutschten und sich verletzten. Er ließ Obst- und andere Fliegenarten leben, obwohl sie, besonders im Sommer, zusätzlich noch durch die enorme Hitze unter dem Dach von Herrn Martin angezogen, ihm ungemein auf die Nerven gingen. Gab es Streit in der Bahn, was sehr häufig vorkam, da der Vorortzug durch ein nicht gerade vornehmes Viertel der Stadt fuhr, vermittelte er, so gut es ging. Auch bei Streitereien im Amt, die noch viel häufiger vorkamen, versuchte er zu moderieren.

Nur eben mit der Hauswartfrau Lümmel stand er in einem, sagen wir, unguten Verhältnis. Sie war ihm ein Gräuel. Sie machte sich einen Spaß daraus, Herrn Martin zu quälen. Ja, ein hinterhältiges Naturell, von Geburt oder Erziehung im frühen Kindesalter, schien sie sich geradezu krankhaft auf Herrn Martin zu fixieren. Alles, was einer im Haus, Hof und vor dem Haus auf der Straße falsch machen konnte, wurde auf den Mieter aus dem Dachgeschoß projiziert. Sie trat fast jedes Mal, wenn Herr Martin nach Hause kam, aus ihrer Wohnung im Souterrain und stellte ihn zur Rede.

„Herr Martin, Sie haben schon wieder nicht vor ihrer Wohnungstür gefegt. Sie kennen doch die Hausordnung, oder nicht? Jeder Mieter ist verpflichtet, vor seiner eigenen Haustür den Schmutz wegzukehren. Nicht Wischen!" fügte Frau Lümmel dann immer noch vorwurfsvoll an, „das Wischen ist meine Aufgabe. Aber ich kann Ihnen sagen, solch einen Dreck wie vor Ihrer Tür gibt es bei keinem Mieter im ganzen Haus. Das ist kein Zuckerschlecken, den Mist wegzuwischen, das kann ich Ihnen sagen! Ich möchte einmal wissen, ob Sie überhaupt schon etwas davon gehört haben, dass man, wenn man das Haus betritt, sich die Schuhe abputzt? Und der Müll, den Sie in die Tonne werfen, wenn ich da mal genauer nachsehen würde, möchte ich wetten, da findet sich das ein oder andere, was nicht in die Hausmülltonne gehört. Abgesehen davon, dass ich es Ihnen schon tausendmal gesagt habe, Herr Martin, dass die Tüten voll und ganz ausge…"

Meist war Herr Martin dann schon in seiner Wohnung, hatte den Schlüssel hinter sich zweimal umgedreht und stand mit zitternden Knien, den Rücken an die Tür gelehnt, und lauschte, ob Frau Lümmel ihm bis auf seine Etage gefolgt war. Meist kam sie, wegen ihres schmerzenden Rückens, nur bis zum ersten Stock. Dann brüllte sie noch lauter. Oft erst nach einer Stunde beruhigte sich der Herzschlag des Dachgeschossmieters und er bekam wieder normal Luft.

Selbstverständlich war an den Vorwürfen und Beschuldigungen kein Wort wahr. Herr Martin war ein ausgesprochen ordentlicher Mensch und Mieter. Sich die Schuhe abzuputzen wurde ihm schon als Kind anerzogen und auch das Ausleeren der Mülltüten war ihm, seit der Erfindung der Plastiktüte, in Fleisch und Blut übergegangen, die Trennung und das Sammeln von Rohstoff in den dafür vorgesehenen Tonnen eine Herzensangelegenheit. Alles, was gegen Herrn Martin seitens der Hauswartfrau vorgebracht wurde, entbehrte jeder Grundlage.

Und nicht nur, dass sie ihn lautstark im Treppenhaus oder auf der Straße ansprach und ihn beschimpfte, auch die Nachbarn hetzte sie gegen den armen Mann auf. Sogar das ledige Fräulein aus der ersten Etage, die ihm sonst immer wohl gesonnen war und dem recht gutsituierten alleinstehenden Junggesellen den einen oder anderen Tipp gab, wie man als Einzelperson sein Leben kostengünstig und rational führen konnte, grüßte in letzter Zeit nur noch kurz und verschwand mit gesenktem Kopf in ihrer Wohnung, als sei ihr Herr Martin zu nahe getreten. Obwohl er an seiner Nachbarin eher eine verhaltende leidenschaftliche Zuneigung ihm gegenüber bemerkt zu haben glaubte, die er nicht erwidert hatte, da er sich demnächst, nach der nächsten Beförderung, mit einer jungen Dame verloben wollte.

Frau Kugel aus dem Erdgeschoss hatte für ihn gebacken und zu den Festtagen Blumen- und andere Gebinde zum Verschönern seiner Wohnung gefertigt. Zum Missfallen ihres Ehemanns, der ein Techtelmechtel zwischen seiner Frau und dem Dachstuhlbewohner vermutete und nur auf eine Gelegenheit wartete, die beiden in flagranti zu erwischen. Seit einiger Zeit blieben auch die Kuchen und die Gebinde aus.

Und da war noch der Herr aus dem zweiten Stock, ein pensionierter Oberleutnant der Artillerie, der schon immer vermutete, dass Herr Martin, der nicht den Militärdienst absolviert hatte, in einer entsprechenden Partei oder einer Organisation Mitglied war, die das Militärische ganz abschaffen wollte und somit auch den Herrn aus dem zweiten Stock, der eine recht hübsche Pension von dieser Institution bezog.

Diesem Herrn klarzumachen, dass Herr Martin ganz und gar nichts gegen das Militär hatte, wenn er das Getue mit dem Marschieren und dem Manöverspielen auch nicht wirklich gut fand, er aber sowieso nicht mitmachen konnte, weil er Plattfüße hatte, war ein Ding der Unmöglichkeit. Nun warf ihm dieser Herr noch finsterere Blicke zu, als er es vorher schon getan hatte. Was mochte die Hauswartfrau Lümmel ihm nur wieder zugeflüstert haben?

So wie mit diesen dreien verschlechterte sich nach und nach das Verhältnis auch zu den übrigen Mitbewohnern, so dass er bald von niemandem mehr gegrüßt oder auch nur zur Kenntnis genommen wurde. Das bei seinem Einzug vor einem Jahr wirklich gute Einvernehmen mit seinen Nachbarn, außer das mit dem Herrn Oberleutnant, hatte sich, dank Frau Lümmel, in das Gegenteil gewandelt.

Hätte er aus dieser Hausgemeinschaft ausziehen und an einem anderen Ort irgendwo auf der Welt ein neues, ruhiges Leben anfangen sollen? Besser wäre es gewesen, wobei sich Herr Martin sagte, überall auf der ganzen Welt gibt es Häuser, und in den Häusern gibt es Treppen, und diese Treppen müssen vor irgendjemanden geputzt werden. Und Glühlampen müssen ausgewechselt werden, und jemand musste die Kinder vom Spielen auf dem Hof und den Treppen abhalten. Und wenn der Schornsteinfeger, die Männer von der Müllabfuhr, und der Mann vom Gas kamen, um den Stand des Zählers zu kontrollieren? Wer sollte dafür sorgen, dass diese Menschen ihrer Beschäftigung nachgehen konnten? Natürlich eine Hauswartfrau. So musste er zwangsläufig immer wieder in die Arme solch einer Person laufen.

Und eines musste man Herrn Martin zugestehen, was Hauswartstellungen anbelangte, war er ein gebranntes Kind. Schon in seiner Jugend gab es im elterlichen Wohnhaus einen männlichen Vertreter dieser Gattung, und dieser war mehr als unfreundlich zu dem Knaben. Ein Schutz vor tätlichen Übergriffen seitens des Hausmeisters in Form von Watschen und dem Langziehen von Ohren durch seinen Vater, war nicht zu erwarten. „Du wirst schon wissen, warum du die bekommst, mein Sohn!“

Um ein eigenes kleines Häuschen zu mieten, draußen, irgendwo vor der Stadt, weit ab von allen Hauswartfrauen und -männern in der ganzen Welt, fehlten dem Herrn Martin die finanziellen Mittel. Und zu allem Elend war er ja auch noch ein Staatsdiener, er musste an dem Ort seinen Dienst versehen, wo man ihn hinschickte.

Und woran lag es dann, wenn das Leben des Herrn Martin einem nicht enden wollenden Ritt durch die Hölle glich, dass Herr Martin gute Laune hatte?

Ganz einfach, er bekam am Montag Besuch von seiner eingebildeten Tante.

Diese Tante war nicht eingebildet im Sinne von arrogant oder überheblich, nein, sie war eingebildet, weil es sie gar nicht gab. Sie war erfunden. Herr Martin hatte sie erfunden. Und diese Tante hatte es in sich, beziehungsweise sie war gegen die Angriffe der Frau Lümmel immun. Wenn Herr Martin mit seiner eingebildeten Tante die Treppe herunter kam, oder aus dem Keller, aus dem er die Kohlen holte, und die Hauswartfrau ihm entgegen trat und Herrn Martin anschnauzen, ärgern oder einfach nur wie einen Depp aussehen lassen wollte, hob die eingebildete Tante die Augenbrauen, legte den Kopf ins Genick und holte tief Luft. Davon beeindruckt, zog Frau Lümmel symbolisch den Schwanz ein.

Seit der Stunde, als die eingebildete Tante das erste Mal in der Wohnstube Herrn Martins auf dem teuren Designersofa gesessen und in den kleinen Handspiegel gesehen hatte, sollte sich das Leben des Beamten ändern.

„Wir werden das schon machen, mein Junge“, hatte sie ihrem Neffen zugeblinzelt und Mut gemacht. „Dieser unmöglichen Person werden wir schon zeigen, wer hier der Mann im Haus ist.“

„Sie hatten wohl Damenbesuch“, sog Frau Lümmel das fremdartige, dem Duft nach teure Parfüm vor der Wohnungstür des Herrn Martin ein und grinste ihn zweideutig an, davon ausgehend, dass diese Dame wohl keine Dame gewesen sein konnte, die sich mit solch einem Tropf einließe. Und mit dieser Mutmaßung verlor die Hauswartfrau ihr freches Grinsen und setzte eines ihrer diabolischen Gesichter auf. „Ich möchte nicht, dass Sie mir derartige Frauenzimmer ins Haus schleppen“, wischte sie mit ihrem Putztuch über das Treppengeländer, als hätten sich unanständige und schmutzige Partikel darauf abgesetzt.

„Meine Tante kam auf einen Sprung vorbei“, entgegnete Herr Martin trocken.

„Ihre Tante?“ stutzte die Portierfrau, auf diese Erklärung nicht gefasst.

„Ja, sie wird mich jetzt öfter besuchen. Die Tante ist für einige Zeit in der Stadt, um sich der Waisenkinder im örtlichen Kinderheim anzunehmen, dessen Renovierung sie finanziert. Auch wird sie der städtischen Bildergalerie einige ihrer Gemälde als Dauerleihgabe aus ihrer Villa zur Verfügung stellen. Mein Onkel war ein großer Sammler und Kunstmäzen. Seit dem Tod meines Onkels führt meine Tante das Unternehmen und fördert ebenfalls die Kunst. Und aus diesem Anlass gibt der Bürgermeister einen Empfang zu ihren Ehren. Wenn Sie mich jetzt entschuldigen möchten, ich muss mich umziehen, ich werde meine liebe Tante auf diese Veranstaltung begleiten.“

Im Gegensatz zu Frau Lümmels Mund wurde und blieb die Tür vor ihrer Nase geschlossen.

Einige Tage später traf die Tante erneut ein. Frau Lümmel konnte deutlich das Parfüm wahrnehmen. Gerade als die Hauswartfrau auf dem zweiten Absatz vor der Wohnung des alten Artilleristen horchte, beziehungsweise die Klinke der Tür putzte.

„Sie werden doch wohl nicht an Türen lauschen, Frau Lümmel?“ schelte es mit sonorer Stimme hinter der Putzfrau. Erschrocken fuhr sie herum und sah in die strengen Augen der Frau Martin. Die Erscheinung der Tante war imposant. Fast dieselbe Körpergröße und Statue wie der Neffe, trug sie, unverkennbar, die Gesichtszüge des Sohnes ihres Schwagers, dem Bruder ihres Mannes.

„Ich habe, ich wollte, ich will doch nur“, stotterte Frau Lümmel eingeschüchtert und wurde von der gestrengen Tante mit einer Handbewegung zur Ruhe gemahnt. „Sie haben vergessen, vor der Tür meines Neffen den Boden zu wischen, Frau Lümmel.“

„Ich habe noch keine Zeit gehabt“, rechtfertigte sich die Hauswartfrau und duckte sich leicht, als fürchte sie Schläge. „Außerdem war noch nicht gefegt“, schlüpfte ihr trotz der Angst die kleine Widerrede heraus.

„Mein Neffe hatte die Tage auch keine Zeit zum Kehren und ich …“, womit Frau Martin sagen wollte, dass sie es nicht als ihre Aufgabe ansah, mit dem Besen über den Flur zu fegen, wurde aber von Frau Lümmel in einer Vorahnung dessen, was da kommen würde, unterbrochen. „Entschuldigen Sie, werte Frau Martin, ich werde natürlich sofort hinaufgehen und das Notwendige erledigen. – Aber ich bitte Sie, das mache ich doch gerne. Ihr Neffe ist doch ein so guter Mensch.“

Dass sich Frau Lümmel an dieser geheuchelten Bemerkung nicht verschluckte und wie an dem Stück Apfel des Schneewittchens zu ersticken drohte, grenzte an ein Wunder. Der strafende Blick der Frau Martin ließ die Portierfrau schleunigst ihren Putzlappen und den Eimer nehmen und unter weiteren Entschuldigungsformeln murmelnd den Besen aus ihrer Kammer holen, um das Vergessene nachzuholen.

Am Abend saß Herr Martin strahlend auf seinem Sofa und feierte den grandiosen Sieg über die Hauswartfrau mit seiner Tante und einem Gläschen Sekt.

„Ganz famos, liebe Tante, ganz famos!“ prostete er und leerte sein Glas in einem Zug.

„Trinke nicht so hastig“, forderte die Frau ihren Neffen auf, „sonst steigt dir der Alkohol noch zu Kopf!“

„Ja, Tante“, lachte Herr Martin übermütig, „wie du dieses Weib zurecht gewiesen hast, ist einfach großartig. Ganz klein beigegeben hat die alte Schachtel. Ich könnte mir vorstellen, dass sie jetzt jedes Mal den Treppenabsatz kehrt.“

„Wir wollen erst einmal abwarten“, dämpfte die Tante die Erwartungen ihres Neffen. „Und mäßige deine Wortwahl, wir sind doch hier nicht in einer Catcherbude.“

„Ja, Tante, du hast recht, entschuldige bitte, aber ich bin doch so aufgeregt. Und es stimmt, wir haben erst eine

Schlacht gewonnen, aber der Krieg ist noch nicht ausgestanden." Damit verabschiedete er die Tante und ging zu Bett. Seit langer Zeit schlief er einmal wieder zufrieden und glücklich ein und die Nacht durch.

Ganz richtig, der Krieg war noch nicht zu Ende, und Herr Martin war noch nicht der endgültige Sieger. Obwohl weniger, blieben einzelne Sticheleien und ungerechtfertigte Beschuldigungen nicht ganz aus. Ein zweites Zusammentreffen der Hauswartfrau mit der Frau Martin Tage später, Frau Lümmel kehrte auf dem Hof Laub zusammen, das von der alten Eiche auf die Wege zu den Hinterhauseingängen gefallen war, war kein Zufall, wie die Tante, zuerst freundlich, bemerkte. Denn, nachdem sich die Portierfrau in trügerischer Sicherheit wähnte, schoss die Tante mit schwerem Geschütz: „Mein Neffe hat mir berichtet, dass Sie sich zum wiederholten Mal beschwert haben, dass auf der Etage meines Neffen nicht ordentlich gekehrt wurde, trifft das zu?" hallte die unverhohlen drohende Frage zwischen den Steinwänden wieder. Einige Spatzen flogen verschreckt von den Ästen der Eiche in die Höhe.

Frau Lümmel schnappte nach Luft und sog das schwere Parfüm der Frau Martin ein. Ein wenig wurde ihr schwindlig, und sie suchte nach den richtigen Worten. Doch bevor die Portierfrau auch nur eine Silbe herausbringen konnte, donnerte Frau Martin, in gleicher Lautstärke wie zuvor, dass man das Rauschen von Gardinen hinter den geschlossenen Fenstern hören konnte. Kurz danach fielen verstohlene Blicke auf den Innenhof.

„Ich höchstpersönlich habe den Absatz gekehrt. Und sie wollen mir doch wohl nicht unterstellen, dass ich schlampige und ungenaue Arbeit leiste. Trotz meiner drei Dienstboten im meinem Haus lasse ich es mir nicht nehmen, die Fußböden selber zu fegen! Und!" richtete Frau Martin ihren Kopf in die Höhe, ließ einige Sekunden vergehen, dass auch wirklich jeder im Haus, der hören wollte, hören konnte: „Ich habe selber einmal den Fußboden vor der Tür meines Neffen gewischt, nach Ihnen und", machte sie eine erneute Pause und steigerte die Dramatik der Situation für Frau Lümmel fast ins

Unerträgliche, „Sie können mir glauben, wie danach das Wasser im Wascheimer ausgesehen hat, dafür gäbe es bei meinen Angestellten zu Hause eins mit dem Lederriemen!“

Die Hauswartfrau trat automatisch zwei Schritte zurück, verschränkte die Arme und hielt die Handflächen vor ihr Gesäß, als befürchtete sie eine Tracht Prügel.

„Ich hoffe, wir haben uns verstanden?“, dröhnte die kurze, abschließende Frage bis unter das Dach und weiter hinaus in den Himmel und die Wolken.

Von nun an besuchte Frau Martin ihren Neffen regelmäßig. Immer an den offiziellen Putztagen. Allerdings war eine Standpauke mit der Portierfrau, wie die auf dem Hof, nicht mehr vonnöten.

Die Arbeiten im Kinderheim, die Frau Martin finanziell unterstützte, zogen sich in die Länge. Auch hatte die gerngesehene Unternehmerwitwe etliche gesellschaftliche Verpflichtungen in der Stadt, denen sie, seit ihr Mann verstorben war, nicht nachgekommen war. Und so traf die Tante eines Tages wieder einmal, nach Beendigung eines Besuchs einer wohltätigen Kaffeetafel, auf die Hauswartfrau Lümmel, die vor dem Haus des Neffen die Straße kehrte.

„Liebe Frau Lümmel“, begann die Tante freundlich, „ich möchte Ihnen mitteilen, dass ich ab der nächsten Woche für einige Zeit zu meinem Neffen in seine Wohnung ziehen werde.“ Auf das überraschte, aber keineswegs unfreundlich fragende Gesicht der Portierfrau, ergänzte Frau Martin: „Dieses Wohnen im Hotel ist mir zu unpersönlich. Ich bin ein Familienmensch. Und ich ziehe die Enge einer Dachwohnung einem geräumigen, aber sterilen Zimmer im Hotel vor. Auch kann mein Neffe eine gewisse hausfrauliche Unterstützung gebrauchen, wenn Sie verstehen, was ich meine, Frau Lümmel.“

Frau Lümmel verstand und bekundete ihre Zustimmung mit dem künftigen Arrangement zwischen Tante und Neffen mit einem strahlenden Lächeln.

„Dass es so einfach geht, hätte ich nicht gedacht“, wunderte sich Herr Martin am Abendbrottisch.

„Du hast mich doch genau aus diesem Grund gerufen, Neffe, damit es einfach geht."

„Ja, aber …"

Die Tante unterbrach ihn. „Es gibt kein Aber, Neffe, die Dinge entwickeln sich prächtig. Ich sehe keine Probleme mehr."

„Ich hoffe, du hast recht." Herr Martin war noch nicht von seinem künftigen Leben mit der Tante und dessen Wirkung auf die Hauswartfrau Lümmel überzeugt. Ohne seiner Tante die noch vorhandenen Bedenken mitzuteilen, aß er sein Brot mit der Blutwurst, obwohl er diese gar nicht mochte. Aber die Tante hatte für diesen Abend eingekauft, und er wollte sie nicht kränken. Auch von der Leberwurst musste er probieren.

Das Zusammenleben mit seiner Tante gestaltete sich in den ersten Tagen und Wochen unproblematischer, als sich Herr Martin befürchtet hatte. Dann allerdings, für ihn erst nicht auffällig, begann sich seine Umgebung, sprich die Dachwohnung, zu verändern.

Angefangen hatte es mit dem Bild seiner zukünftigen Verlobten, das sich erst in der Schublade seines Nachttisches neben seinem Bett wiederfand und, nach dreimaligem wiederholten Aufstellen durch den Verlobten, ganz aus der Wohnung verschwand und sich gerade noch kurz vor der Entleerung durch die Müllabfuhr aus der Abfalltonne retten ließ. Danach wurde es von Herrn Martin in einer Kiste sorgfältig verpackt im Keller, mit einigen anderen, kurz vor dem Verschwinden gesicherten Gegenständen verwahrt.

Eine Reproduktion seines Lieblingsmalers Egon Schiele wurde, noch offen von der Tante als „scheußlich" tituliert, abgehängt und durch ein Gemälde eines Nordtiroler Romantikers ersetzt. Andere Bilder sowie einige Fotografien und Kalender gingen wort- und kommentarlos den Weg allen Irdischen. Nach einem anfänglichen Widerstand durch den Wohnungsinhaber wurden das Designersofa, der moderne Küchentisch und die postmoderne Anrichte durch robustere und zweckmäßigere Möbel ersetzt. Auch die Musiksammlung musste sich mit dem Argument „davon bekommt man ja

Kopfschmerzen“ von einigen Werken des Herrn Strawinsky und Schönberg verabschieden.

Im einzigen Kleiderschrank der Wohnung sollte Herr Martin platzt für die Kleider und Röcke und Blusen seiner Tante machen. Seine Garderobe fand sich auf einem improvisierten Kleiderständer aus einem Aluminiumrohr zwischen zwei Stühle geklemmt wieder.

„Es ist ja nur vorübergehend“, beruhigte die Tante und „dieses Hemd willst du ja wohl nicht mehr tragen, die Farben passen ja nun überhaupt nicht zu meiner Unterwäsche. Und dieser Anzug taugt ja auch nur noch als Grundkostüm für eine Karnevalsveranstaltung.“

Das Bett überließ er schon nach gut einer Woche seiner Tante, um auf dem neuen Sofa seine nächtliche Ruhe zu finden, das, zugegebenermaßen, wenn auch nicht geschmacklich, sich dann doch wenigstens als recht bequeme Bettstatt erwies.

Die Zeiten der Mahlzeiten wurden nach wie vor von Herrn Martin bestimmt, da sie sich an den Arbeitszeiten des Beamten ausrichteten.

Wie die Tante es vorausgesehen hatte, wandelte sich das Verhältnis von Herrn Martin zur Hausmeisterin zum Besten. Ein freundliches, tägliches „guten Morgen“ ihm gegenüber aus ihrem Munde und ein abendlicher Gruß „ich hoffe, Sie hatten einen schönen Tag“ überzeugten ihn, dass sich die Dinge zum Guten gewendet hatten. Auch die Umgangsformen zu den Nachbarn im Haus entspannten sich und schon bald gab ihm das alleinstehende Fräulein wieder Tipps, wo er zur Zeit am sparsamsten einkaufen konnte und die Frau Kugel brachte ihm, mit einem schönen Gruß an die Frau Tante, unter den misstrauischen Blicken ihres Mannes einen selbstgebackenen Kuchen. Nur der Herr Offizier blieb griesgrämig und ihm feindselig gesonnen. Aber darüber konnte Herr Martin wieder schmunzeln.

Alles entwickelte sich prächtig – bis zu diesem Tag.

Es war der Tag, an dem Herr Martin und seine Tante einen Besuch im Zoologischen Garten machen wollten, um anschließend zu Mittag im Restaurant „Waldschrat“ zu essen.

Frau Lümmel putzte, da es Sonntag war, nur ein wenig die Briefkästen mit einem weichen Lappen. Als sie Frau Martin erblickte, wie sie grazil die Treppe herunterstieg, faltete sie ihre Hände, als wolle sie ein Dankgebet für die Garderobe der Tante gen Himmel schicken.

„Dies ist aber wieder ein schönes Kleid. Ich bewundere Sie für ihren guten Geschmack, Frau Martin. Und die Schuhe. Nein, wo finden Sie immer diese herrlichen Stücke? Und seitdem Sie bei ihrem Neffen wohnen, ist der Flur pikobello sauber und gepflegt!"

Die letzte, eigentlich unpassende Bemerkung konnte sich die Lümmel nicht verkneifen, und so nahm die Tante natürlich Partei. „Mein Neffe ist schon ein sehr anständiger Mensch, Frau Lümmel. Er ist nur manchmal etwas zerstreut. Das liegt in der Familie, sein Vater war schon ein wenig seltsam. Aber auch ein herzensguter Mensch."

„Über die Sache mit meinem Vater müssen wir noch reden", zischte Herr Martin unauffällig seiner Tante zu. Doch anstelle eines, wie erwartet, zustimmenden Nickens, drehte sich die Tante zur Seite und fuhr ihn an: „Was soll das, Junge? Seit wann kritisiert man seine Tante und noch dazu in der Öffentlichkeit?"

Für einen Augenblick herrschte eine absolute Stille im Hausflur. Nur das Trällern eines Singvogels klang in das halbdunkle, kühle Treppenhaus. Frau Lümmel, auf ihren unsichtbaren Besen gestützt, konnte sich ein leichtes Grinsen nicht verkneifen, woraufhin Herr Martin sie mit einem giftigen Blick belegte.

„Ich möchte nie wieder in solch einem Ton von dir angesprochen werden, hast du verstanden, mein Junge?"

Am liebsten wäre Herr Martin im Erdboden versunken. Was war mit der Tante los? Hatte sie schon am Vormittag vom Kirschlikör genascht oder war ihr die Leberwurst vom Frühstück schlecht bekommen? Herr Martin mochte keinen Kirschlikör und musste sich nach jedem Glas, das die Tante trank, vor Unbehagen schütteln. Auch die Leberwurst lag auf dem Frühstückstisch, seit die Tante bei ihm eingezogen war, erst neben der italienischen Salami, die später verdrängt, durch Schlackwurst ersetzt wurde. Vielleicht lag es an dem fetten Essen, das die beiden Verwandten zu sich nahmen, seit die Tante das Regiment über die Küche übernommen hatte. „Jetzt ist Schluss mit diesen italienischen und asiatischen Geschmacklosigkeiten“, bestimmte die Tante den Speisezettel. „Solide Hausmannskost ist gut für das Gehirn“, hatte die Tante irgendwo gelesen. Herr Martin musste ein entsprechendes Kochbuch kaufen und alles, was an mediterrane, chinesische, thailändische und spanische Küche auch nur im Entferntesten erinnerte, wurde aus dem Haushalt verbannt.

War das Essen schuld? Erklärte das den Stimmungswandel der Tante? Schon möglich, denn seit geraumer Zeit unternahmen Herr Martin und seine Tante Spaziergänge, besuchten in der Stadt Ausstellungen und Konzerte und an manchen Tagen auch die Konditorei Moostbacher. Hier aß die Tante Schwarzwälder Kirschtorte, meist zwei oder sogar drei Stücke, die regelmäßig bei Herrn Martin, ähnlich dem Kirschlikör, eine abendliche Magenverstimmung nach sich zogen. Vorsichtige Versuche, die Tante zu bewegen, auch einmal ein Stück Mohnkuchen oder auch nur einen Keks zum Kaffee zu nehmen und vielleicht statt eines Rinderbratens einen einfachen Salat, auch der schlanken Linie wegen, wurden von der Frau rigoros und empört abgelehnt. Es ginge ihm nicht ums Geld, versicherte er seiner lieben Tante. Nur musste Herr Martin feststellen, dass er in den letzten Wochen einige Pfund zugelegt hatte.

Und nun diese Demütigung vor seiner Erzfeindin, mitten auf feindlichem Terrain.

„Du musst dir eben überlegen, was du sagst und wie du mit deiner Tante umgehst. Und schließlich brauchst du mich und nicht umgekehrt“, hatte die Tante ihrem Neffen erklärt und sich noch ein drittes Stück Schwarzwälder Kirschtorte bestellt. Jetzt erst recht.

Die Absicht von Herrn Martin, das dritte Stück Kuchen übergehend, in Ruhe mit seiner Tante über das Vorgefallene im Treppenhaus mit der Portierfrau zu sprechen, schlug fehl.

„Junge“, fauchte die Tante, „die Leute sehen schon zu uns herüber und der Keller tuschelt auch schon mit seinem Kollegen.“

So gab es kein klärendes Gespräch. Herr Martin hatte den ersten Gedanken, die Tante wieder abreisen zu lassen. Der sich noch verstärkte, als sich, drei Tage später, ein erneuter Vorfall im Haus ereignete.

„Ich habe heute Morgen Herrn Zisterwitz auf der Treppe getroffen. Ein reizender Mensch“, empfing Frau Martin ihren Neffen in der Wohnungstür, noch bevor er seinen Mantel abgelegt hatte.

Auf die Frage des Neffen, wer denn der Herr Zisterwitz sei, erntete er einen bösen Blick seiner Verwandten. „Ich muss mich ja sehr wundern, wie ignorant und borniert du doch bist. Der Herr Offizier hat schon ganz Recht, das kommt von deiner pazifistischen Grundhaltung. Wärst du beim Militär gewesen, würde dir ein solches ungehobeltes Verhalten abgehen. Dort hätte man dich schon geschliffen, und es wäre aus dir nicht so ein ungeheurer Schlappschwanz geworden!“

Rums! Das hatte gesessen.

„Tante!“ entfuhr es dem Neffen, „wie kommst du dazu, dich von diesem Herren beeinflussen zu lassen?“

„Zisterwitz ist sein Name, Herr Zisterwitz, und er hat mir Dinge von dir erzählt, über die sich deine Mutter grämen und dein Vater im Grabe umdrehen würden“, stauchte sie den Neffen weiter zusammen, ohne ihm auch nur die leistete Möglichkeit für eine Verteidigung zuzugestehen. „An Demonstrationen gegen öffentliche Gelöbnisse hast du teilgenommen und Flugblätter verteilt gegen Raketen, und von deinem Beitritt zu dieser bunten Partei will ich gar nicht erst sprechen. Ich weigere mich, solche subversiven Gruppen und Parteien überhaupt als existent wahrzunehmen. Schließlich war dein Onkel ein bekannter, hoch geschätzter und erfolgreicher Unternehmer! Er kannte immerhin einen Bundeskanzler persönlich! Und du bist ein Beamter, ein Diener des Staates!“

„Darf man als Beamter keine politische Meinung haben? Und dass ich gegen die öffentliche Gelöbnisse demonstriert habe, ist mehr als zehn Jahre her. Und mit den *Bunten*, wie du sie nennst, bin ich auch lange fertig. Sie haben mich mehr enttäuscht als du dir vielleicht vorstellen kannst. Und die Sabine, die damals in meiner Ortsgruppe war, hat mich ganz besonders …“ Herr Martin unterbrach seine Rechtfertigung und musste sich erst einmal besinnen. Die Tante schwieg.

Solche oder ähnliche Dispute und Streitereien begannen sich zu häufen. Waren es erst Kleinigkeiten, die die Tante an ihrem Neffen zu kritisieren hatte, begann sie sich bald über den allgemeinen Lebenswandel des Verwandten aufzuregen. Wo und wie er seine Freizeit verbrachte, mit wem, wie oft und wie lange. Er würde seinen Beruf vernachlässigen und sich nicht um seine Karriere kümmern. Andere in seinem Alter wären schon Regierungsrat oder Bundeskanzler.

Dass Herr Martin nicht Bundeskanzler war, lag nun ganz bestimmt nicht daran, dass er einen unregelmäßigen oder gar schlechten Lebenswandel führte.

Doch die Tante wollte das nicht akzeptieren und so kam es am nächsten Morgen zu einer folgenschweren Begegnung.

„Ihre Frau Tante hat heute Morgen angerufen, Herr Martin“, sah ihn sein Abteilungsleiter Dose mit vorwurfsvollen Augen an und schüttelte sein schütteres, ergrautes Haar. „Was treiben Sie denn, dass sich die gute Frau so aufregen muss? Sie sagt, sie wären heute Nacht erst gegen ein Uhr nach Hause gekommen, und sie hätte sich solche Sorgen gemacht, dass Ihnen etwas zugestoßen sei. Das wäre auch nicht das erste Mal vorgekommen, dass Sie nach Mitternacht zu Hause waren. Und als Sie endlich im Bett lagen, wären Sie zu keiner Aussprache mit ihrer Frau Tante bereit gewesen, um ihr Auskunft zu geben, wo sie sich so lange herumgetrieben hätten? Und“, verstärkte der Vorgesetzte seinen strengen Blick auf Herrn Martin, „sie macht sich weiter Sorgen, dass Ihre Leistungen im Büro nachlassen, wegen der nächtlichen Eskapaden. Ferner vermutet Ihre liebe Frau Tante, wie sie sich ausgedrückt hat, Frauengeschichten hinter diesen Unregelmäßigkeiten. Sie befürchtet“, blickte Herr Dose nochmals noch tiefer in die Augen seines Gegenüber, „und ich muss ihr da aus der Ferne Recht geben, Sie verspielten eine große Karriere im Landwirtschaftsministerium, lieber Kollege Martin. Mir ist auch schon aufgefallen dass Sie ab und zu unkonzentriert und zerstreut sind. Auch wenn es wohl, wie ihre Frau Tante erwähnte, in der Familie liegt, möchte ich Sie doch dringend ermahnen, sich mehr zusammen zu reißen. Ihre Tante hat mich gebeten, einmal ein ernstes Wort mit Ihnen zu reden. Von Mann zu Mann! Als väterlicher Freund!"

Herr Martin fühlte, wie sich sein Kopf mit Blut füllte. Abgesehen davon, dass Herr Dose seinen Untergebenen nach dessen, wohl gemerkt pünktlichem Erscheinen im Amt, diskret aufgefordert hatte, ihm in sein Büro zu folgen, das, da nur verglast, einen Einblick von allen Seiten möglich machte und somit die strengen Ermahnungen und den gesengten Kopf des Gemaßregelten sämtlichen Kollegen nicht verborgen geblieben war, war auch die Wortwahl des Vorgesetzten durch das Glas klar und deutlich für alle Anwesenden in der Abteilung Finanzen III zu verstehen. Der letzte Satz vom „väterlichen Freund" konnte außerdem nicht geltend gemacht werden, weil es biologisch gar nicht ginge, da Herr Dose zwei Jahre jünger als Herr Martin war. „Siehst du, mein Junge, auch so ein Ding, ist zwei Jahre jünger, aber schon ein Vorgesetzter", hörte Herr Martin die Tante in seinem Unterbewusstsein ihren Senf dazugeben.

Um dem Gedemütigtem auch noch den letzten Rest von Würde zu nehmen, schickte Herr Dose ihm noch bei der Verabschiedung an seinen Arbeitsplatz durch die geöffnete Glastür hinterher: „Und Sie sollten froh sein, dass Sie solch eine aufmerksame und liebevolle Tante haben, die sich um Sie sorgt. Enttäuschen Sie sie nicht! Ich werde mich auf Wunsch ihrer Frau Tante bei ihr nach Ihnen erkundigen!"

Ein empörtes Zurredestellen und eine anschließende Auseinandersetzung mit der Tante am Abend ergab nur einige Tränen und das Zuknallen von Türen.

Von diesem Tag an war Herr Martin vorsichtiger im Umgang mit Damen des anderen Geschlechts. Wobei es sich nicht, wie die Tante gegenüber seinem Abteilungsleiter behauptet hatte, um Frauengeschichten handelte, sondern nur um eine Person. Seine zukünftige Verlobte Gisela. Aber er wollte die Tante unter keinen Umständen verärgern und sie so eventuell vergraulen. Wenigstens so lange musste sie ihm zur Seite stehen, bis der zänkische Wesenszug der Hauswartfrau Lümmel endgültig gebrochen war. Dann, wenn die Tante wieder aus seinem Leben verschwunden war, wollte er erneuten Kontakt zu seiner Bekannten aufnehmen. Eine entsprechende Erklärung an dieselbe, im Kaffeehaus Moostbacher, wurde von Gisela mit einen unverständlichen Kopfschütteln zur Kenntnis genommen.

Der Alltag gestaltete sich zunehmend schwieriger. Die Tante nahm immer mehr Platz in seiner Wohnung und seinem Leben ein. Das verursachte bei dem Beamten ein schleichendes Unwohlsein.

Die Tante musste ihren Neffen immer öfter wegen Kopfschmerzen und Übelkeit bei seinem Vorgesetzten, Herrn Dose, für sein Fehlen am Arbeitsplatz entschuldigen.

Dies sei natürlich kein Problem, hatte Herr Dose Frau Martin nach einem Besuch der Unternehmerwitwe im Amt versichert. Er fühle sich beruhigt, dass die gnädige Frau persönlich für das Wohlbefinden seines Beamten sorge und er wäre voller Zutrauen, dass er mit dieser lieben Pflege bald wieder auf den Beinen sei. So lange solle er sich nur richtig ausruhen und er, Herr Dose, werde die entsprechenden Mitteilungen an die übergeordnete Stelle weiterleiten.

Doch zum Bedauern des Amtsleiters verschlechterte sich der Zustand des Herrn Martin zusehends, und er musste kurze Zeit später auf unbestimmte Zeit krankgeschrieben werden.

Ans Bett gefesselt übernahm Frau Martin nun den gesamten Haushalt. Putzte, ging Einkaufen, was sie nicht tragen konnte, wurde ins Haus geliefert, beantwortete Behördenbriefe im Namen ihres erkrankten Neffen, telefonierte mit den wenigen Freunden, die Herrn Martin noch verblieben waren und sagte Termine und Besuche für den Kranken ab.

Einen letzten Brief schrieb Herr Martin selber. Er war an seine Beinahe-Verlobte Gisela gerichtet, in dem er sie freundlichst um die Auflösung des Vorverlobungsstatus’ bat. Seine Lebensperspektive hätte sich gewandelt und er würde demnächst eine längere Reise antreten. Das Datum seiner Rückkehr könne er nicht bestimmen.

Schließlich war Herr Martin so schwach, dass er gerade noch mit Mühe den Gang auf die Toilette schaffte und dann schleppend zurück in sein Bett sank.

Die Tante dagegen blühte im Angesicht des Pflegezustands ihres Neffen auf und kümmerte sich rührend um den um einige Kilo abgemagerten Kranken.

„Ein Glück, dass der Herr Martin die fürsorgliche Tante bei sich zu wohnen hat. Womöglich müsste er in ein Krankenhaus oder gleich in ein Pflegeheim", verriet Frau Kugel der Hauswartfrau Lümmel.

„Ja, und man weiß nicht, was dem armen Mann fehlt. Die Doktoren sind ratlos. Man sagt, er leide an Auszehrung!"

„O Gott, der arme Herr Martin", war das ledige Fräulein zu den beiden anderen Damen im Treppenhaus vor die Briefkästen getreten und litt sichtbar mit dem Nachbar aus der Dachwohnung.

„Aber", steckten die drei nach einer Aufforderung von Frau Kugel ihre Köpfe noch dichter zusammen", ist Ihnen aufgefallen, wie gut die Frau Martin aussieht. Ich möchte sagen, sie hat bestimmt fünf oder sechs Kilo abgenommen. Eine Figur hat sie, wie aus einem Modemagazin. In dem Alter. Respekt."

Die beiden anderen stimmten zu und so sprachen sie noch eine Weile von dem guten Geschmack der Tante, und dass Frau Lümmel Frau Martin im Fernsehen gesehen habe, bei einem Wohltätigkeitsball, und das ledige Fräulein war sich sicher, beim Friseur ein Bild von der Dame in einem Freizeitmagazin entdeckt zu haben, wo sie mit den Waisenkindern und einem Bischof abgebildet war. „Nein, es war sogar ein Kardinal", korrigierte sich das Fräulein.

„Und ich weiß aus erster Hand, sozusagen von der Preisträgerin persönlich, dass Frau Martin für das Bundesverdienstkreuz erster Klasse vorgeschlagen wurde."

Ein andächtiges Schweigen legte sich über den Hausflur, und erst nach einigen Minuten der Stille bemerkte Frau Kugel bedauernd und zeigte mit einer Kopfbewegung in die Höhe: „Und diese Frau hat nun diesen schwachen, kranken Menschen da oben."

Frau Lümmel hatte sich mühsam die Treppen heraufgequält und den Wischeimer abgestellt, den Wischlappen in die Lauge getunkt und mit mühevollem Gesicht ausgewrungen, als sie aus der Wohnung von Herrn Martin die Stimme der Tante hörte. „Ich hoffe, du hast vor der Tür gefegt, heute kommt Frau Lümmel und putzt das Treppenhaus. Ich möchte keine Klagen hören, die Frau hat es nicht leicht! Das wirst du ja wohl noch schaffen?!“

Frau Lümmel nickte zustimmend und sah sich den Fußboden an. Auch zu dessen Zustand gab sie ein wohlwollendes Nicken. Dann ließ sie den Scheuerlappen geräuschvoll auf die Dielen klatschen, um mit dem Schrubber kreuz und quer über den Boden zu wischen.

„Du wirst mir in letzter Zeit recht unordentlich, mein Lieber. Wenn ich daran denke, wie aufmerksam du warst, als ich dich die ersten Male besucht habe, dann wundere ich mich doch sehr.“

Eine leisere, schwächliche Stimme antwortete: „Ich möchte, dass du jetzt gehst, bitte lass mich alleine, geh und komm nie wieder.“

Frau Lümmel machte ein fragendes Gesicht. Warum wollte der Neffe, dass seine Tante gehen und nie wiederkommen sollte, das verstand die Hauswartfrau nicht. Gerade wo er ihre Hilfe so nötig hatte. Die Tante klärte auf. „Du bist krank mein Junge. Du brauchst Pflege und Zuneigung. Wir werden dich schon wieder auf die Beine bekommen. Jetzt iss dein Leberwurstbrot und trink einen Schluck Kirschwasser, das belebt die Lebensgeister.“

Frau Lümmel nickte unsichtbar von der Tür verdeckt und leckte sich die Lippen. Ein Glas Kirschwasser würde sie jetzt auch gerne trinken.

„Und rasiere dich gefälligst gründlicher, und außerdem hast du schon wieder die Hautcreme nicht ordentlich aufgetragen. Und wie oft soll ich noch sagen, dass ich keinen Wein mag. Ein kleiner Likör ist Balsam für die Seele. Von deinem Trinken bekomme ich ganz aschfahle Haut!“

Frau Lümmel schüttelte den Kopf und sagte laut zu sich selber: „Dieser Mann, er weiß gar nicht, was er an der guten

Tante hat. Ein wenig könnte er ja nun wirklich auf sie eingehen und ihr auch einmal einen Gefallen tun. Wenn man bedenkt, was sie alles für ihn tut."

Zwei Tage später ließ ein Poltern die Hauswartfrau Lümmel aufhorchen. Sie hatte eine Glühbirne im Zugang zum Keller ausgewechselt. Ein Unglück vermutend, ließ sie die kleine Leiter mitten im Gang stehen, legte rasch aber vorsichtig die neue Leuchte auf den Werkzeugkasten und eilte die Treppe, so schnell es ihre Rückenschmerzen zuließen, hinauf, um zu sehen, was geschehen war.

„Herr Martin, sind Sie gestützt?" klang eine ehrliche Anteilnahme in ihrer Frage, angesichts des Mannes, der quer auf dem Absatz der zweiten Etage zwischen zwei Koffern lag. An einem der Gepäckstücke waren die Schlösser aufgesprungen und einige Kleidungstücke, zwei Bücher, die Fotografie einer jungen Dame und diverse Toilettenartikel wie Seife und Zahnbürste lagen auf und um ihn herum verteilt. Auch eine Flasche Rotwein entdeckte Frau Lümmel. „Haben Sie sich verletzt? Wollen Sie verreisen? Wo soll es denn hingehen? Wie lange werden Sie denn bleiben?" folgte der Anteilnahme die Neugier.

„Ich bin gestolpert. Nein, ich habe mir nichts getan. Ich muss für einige Tage fort. Eine Dienstreise", erklärte der Beamte und begann seine Sachen zusammenzuraffen und ungeordnet in den Koffer zu stopfen.

„Ja, Herr Martin, und Ihre Tante? Bleibt sie denn ganz alleine in der Wohnung?"

„Lassen Sie meine Tante aus dem Spiel!" brüllte der gereizte Herr Martin völlig unerwartet und erschreckte die Portierfrau, dass sie sich an die Brust griff.

„Heiliger Jesus und Maria, was ist denn mit Ihnen los?"

„Gar nichts", wiegelte Herr Martin mit grimmigem Gesicht ab und packte weiter seine Sachen.

„Ich wollte mich doch nur erkundigen, ob ich etwas für Ihre liebe Frau Tante tun kann? Zum Beispiel einkaufen, oder einmal die Stube kehren. Den Treppenabsatz fege ich natürlich, da braucht sich ihre Tante nicht die Mühe zu machen."

Ohne ein weiteres Wort hatte Herr Martin seinen Koffer verschlossen und den zweiten aufgenommen. Zwischen zusammengekniffenen Zähnen bedankte er sich bei Frau Lümmel. „Ich denke, meine Tante wird sich über ihre Aufmerksamkeit freuen, vielen Dank."

Dann drängelte er sich an der Frau vorbei, schleppte das schwere Gepäck die Treppen hinunter und verschwand ohne ein weiteres Wort aus dem Haus.

Frau Lümmel stieg langsam und kopfschüttelnd die Stufen hinunter.

„Was ist dem denn für eine Laus über die Leber gelaufen?"

Zwei Stunden später läutete es an der Wohnungstür der Frau Lümmel.

„Guten Tag, Frau Lümmel."

„Guten Tag Frau Martin", erwiderte die freudig überraschte Frau. „Welche Ehre?!"

„Ich möchte Sie nicht lange stören, Frau Lümmel, ich wollte mich nur für Ihre Freundlichkeit bedanken. Mein Neffe hat mir Ihre hilfsbereiten Bemerkungen ausgerichtet. Ich komme gerne gelegentlich darauf zurück."

„Verfügen Sie über mich, schließlich leben wir doch in einer Nachbarschaft, da hilft man doch gerne!"

„Ja, und mein Neffe ist, wie Sie ja schon wissen, für eine Weile verreist. Er ist im Ausland", weckte die Tante die Aufmerksamkeit der Portierfrau. „Ja, in Afrika, im Auftrag des Landwirtschaftsministeriums. Er wird eine ganze Weile dort bleiben. Vermutlich mehrere Jahre. Ich habe beschlossen bis zu seiner Rückkehr auf die Wohnung zu achten. Ja, Gott, ich habe ja sonst niemanden mehr, und in meiner Villa ist es auch viel zu einsam, trotz der Angestellten. Ich würde mich freuen, wenn sie mich gelegentlich auf einen Tee und ein Stück Kuchen besuchen, Frau Lümmel. Mögen Sie Schwarzwälder Kirschtorte?"

Die Augen der Portierfrau weiteten sich, und ihr Mund füllte sich mit Wasser.

„Ich komme gerne, vielen Dank und, Frau Martin, um den Treppenabsatz brauchen Sie sich keine Gedanken machen, jetzt wo Ihr Neffe nicht mehr da ist, fege ich selbstverständlich die Dielen. Da brauchen Sie sich nicht zu quälen, Frau Martin."

„Haben wir einen Keller?“

Ich habe vergessen mich zu rasieren. Es ist nicht weiter schlimm, weil ich nicht weiß, ob wir Montag haben oder ob es Samstag ist? Darauf, dass ich irgendwo zur Arbeit gehe, deutet die Aktentasche im Flur auf der Anrichte hin. Eine Thermoskanne und ein Butterbrotbehälter bestätigen diese Vermutung. Die natürliche Auslese der Haare von meinem Kopf in der Bürste bringt mich auch nicht weiter, weil ich nicht weiß, wie regelmäßig ich diese säubere. Es zeigt mir nur, dass ich einen gesunden Haarwuchs habe. Das ich eine Frau habe, stellte sich schon bald, nach dem Aufwachen, heraus.

„Du bist mit dem Frühstück dran! Ich habe heute frei!“

So so, sie hat also frei. Folgerichtig muss ich arbeiten gehen. Doch vorher ein Frühstück machen. Aber wie? Der Raum im Haus, den ich als Küche identifiziere, ist für mich ein Buch mit sieben Siegeln. Beziehungsweise es ist eine Anhäufung von Schränken und Schubläden mit Tellern, Tassen, Messern, Gabeln, Lebensmitteln, Brot und Butter. Offensichtlich habe ich in diesem Raum noch nicht viele Wunder vollbracht.

Die Gelegenheit, das Geschöpf mir gegenüber am gedeckten Frühstückstisch zu fragen, wer ich bin, verstreicht, weil eben das Gesicht dieses Geschöpfs sich hinter einer Zeitung verbirgt und beim Lesen des Leitartartikels nicht gestört werden will. Nur ab und zu tastet eine Hand nach dem Henkel der Kaffeetasse. Meine Frau hat sehr schöne Hände. Wahrscheinlich ist sie im Büro tätig oder in einem Schönheitssalon. Es muss uns gut gehen. Das Haus hat, soviel ich in der kurzen Zeit feststellen konnte, fünf Zimmer und ein Badezimmer.

Eine separate Toilette hatte ich am frühen Morgen aufgesucht und mich noch über das seltsame Muster der Fliesen gewundert. Ein Kinderzimmer gibt es nicht. Wir sind also ohne Nachwuchs. Es sei denn, wir sind Rabeneltern und lassen unserer Kinder im Keller wohnen?

„Haben wir einen Keller?“, frage ich meine wahrscheinliche Frau.

„Mhh.“

Also doch. Aber es könnte auch sein, dass dort unten keine vernachlässigten Kinder zu finden sind, sondern eine elektrische Modelleisenbahn oder ein Fitnessraum. Ja, wahrscheinlich, wenn ich mich so im Spiegel betrachte und die Figur meiner Frau, werden wir einige Geräte im Keller haben. Wann muss ich denn zur Arbeit?, fährt es mir durch den Kopf.

„Schatz?“ versuche ich eine Anrede. Funktioniert nicht. „Hase?“ Auch nicht. Na dann der Klassiker: „Mausi, muss ich jetzt zur Arbeit?“

„Mhh.“

„Na dann, noch einen schönen Tag für dich.“

Ich gebe meiner Frau einen Kuss auf dem Mund. Schmeckt nach Himbeermarmelade. Sie ist wohl eine Süße. Dann fülle ich Kaffee in meine Thermoskanne und lege die Brote in meine Brotbox. Fertig.

Auf der Straße überlege ich, ob wir ein Auto haben?

„Natürlich“, lächele ich mir selber zu. Ein Autoschlüssel in der Manteltasche. Jetzt nur noch den passenden Wagen finden und ab geht’s zur Arbeit.

Blattgeflüster

Ein starker Wind, fast ein Sturm, zerrte am Baum und seinen Ästen. Alle Blätter hielten sich an ihren Ästen fest, so gut es ging.

„Nein, nein, ich will nicht loslassen und sterben!“, schrie eines der Blätter dem Wind entgegen. Es war das Blatt 10134 am zehnten Ast von unten.

„Unsere Zeit ist abgelaufen!“, rief das Blatt 10135 neben 10134.

„Nein, es ist noch zu früh! Es ist nicht einmal Mitte September! Frühestens Mitte Oktober beginnen wir zu welken! Sieh mich an, ich bin grün und saftig! Kein einziger gelber oder brauner Fleck!“

„Die Natur weiß, wann unser Ende gekommen ist, deshalb schickt sie uns den Wind! Die Stürme!“ entgegnete das Blatt zur rechten von 10134 mit der Nummer 10136. „Siehst du, ich habe schon einige kleine Flecken.“

„Vielleicht bist du krank!?“

„Ich bin ganz gesund, nur das ich …!“ Wutsch war das Blatt 10136 fort geflogen.

„Ich habe es gewusst, es war krank! Ich bin gesund und werde überleben!“

„Sei nicht töricht, 10134, die Natur weiß wann unsere Zeit gekommen ist. Wir müssen uns vom Alten lösen und loslassen! Hörst du, wir müssen loslassen!“

„Aber ich spüre, dass es noch nicht Zeit ist!“

„Der Wind irrt sich nicht! Lass los! Es ist unsere Bestimmung!“

Das Blatt 10134 fügte sich in den Kreislauf des Lebens, wenn auch mit schwerem Herzen.

„Ich gehe, ich lasse los, aber ich bin …!“ Wutsch wurde Blatt 10134 mit dem Wind fort getragen.

Aber die Zeit war für 10134 noch nicht gekommen. Das Schicksal hatte es betrogen.

Eine Filmproduktionsfirma hatte zu Dreharbeiten einen großen, leistungsstarken Ventilator unter dem Baum aufgestellt und einen Sturm simuliert.

Das konnte Blatt 10134 nicht ahnen. Vielleicht hätten die Blätter ein wenig mehr auf ihre Umgebung achten sollen.

Können wir immer sicher sein, zu wissen, woher der Wind weht?

DREI MÄRCHEN

1. Märchen

Vorwort

So etwas kannst du nicht schreiben."

„Wieso nicht?", stellte ich diese einfache Frage an meine Frau.

„Es ist ein Märchen, und es ist ein schönes Märchen."

„Na und?" wollte ich weitere Argumente von ihr, warum ich nicht eine neuzeitliche Fassung des Märchens „Tischlein deck dich" schreiben sollte.

Sie druckste herum, stammelte etwas von Kindern und Generationen, die das Märchen faszinierte und verzauberte, und außerdem hätte es auch eine Moral.

Ich erwiderte, dass ich nicht die Absicht hatte, diese Moral aus der Geschichte zu nehmen, nur wollte ich das Märchen etwas aufpeppen, mehr Power in die Handlung bringen und die Akteure etwas cooler gestalten.

„Genau das ist es, was ich meine", sagte meine Frau, und ich wusste nicht, was sie meinte.

„Ein Märchen ist ein Märchen und kein Multimedia Spektakel."

So etwa lief das erste und letzte Gespräch über meine Absicht, das Märchen „Tischlein deck dich" zu überarbeiten und ihm ein neues Kleid zu verpassen. Genauer gesagt hatte meine Frau das letzte Wort: „Mach was du willst, du wirst schon sehen, wie weit du mit diesem Quatsch kommst!"

Das war's, und ich konnte endlich anfangen, meine Variante vom „Tischlein deck dich" zu schreiben:

„Kühlschrank füll dich!"

„Es waren einmal drei Brüder. Robert, Michael und Stefan. Sie lebten in Hamburg auf der Reeperbahn. Ihr Vater Claus war ein armer Spielhallenbesitzer, der vom organisierten Verbrechen so unter Druck gesetzt wurde, dass er seinen Söhnen die Spielhalle nicht vererben konnte. So waren sie auf das angewiesen, was ihnen eine Ziege gab.

Doch diese Ziege, Angelika war ihr Name, war ziemlich zickig. Sie arbeitete in einem Edelpuff und schaffte das Geld ran, das die kleine Familie ernährte. Der Vater hatte Angelika, als sie vor einigen Jahren noch auf den Straßenstrich ging, mit Rat und Tat unterstützt. Jetzt, wo seine Spielhalle nicht genug abwarf, um auch den Söhnen ihr Auskommen zu sichern, waren die Geldzuwendungen Angelikas ein wichtiges Zubrot.

Angelika lebte bei dem Mann und seinen drei Söhnen. Sie hatte ein eigenes Zimmer. Die Brüder teilten sich ein Zimmer. Der Vater musste, neben seiner Tätigkeit als Spielhallenbesitzer, der Angelika zur Hand gehen. Beziehungsweise ihren Schnapsvorrat auffüllen, dass sie immer genug zu trinken hatte. Und sie trank wirklich viel. Man konnte schon sagen, sie soff wie ein Loch.

Eines Tages musste der Vater geschäftlich verreisen und er gab seinem ältesten Sohn Robert den Auftrag, sich um den Schnapsvorrat in Angelikas Kühlschrank zu sorgen.

„Ich bin so voll, ich sehe schon weiße Mäuse. Ich mag keinen Tropfen mehr!" lallte Angelika nach dem zwanzigsten Schnaps und fiel rücklings schlafend auf ihr Bett.

Robert war beruhigt und setzte sich an sein Computerspiel, um ein paar von den fiesen Kakerlaken abzuknallen.

Am Abend kam dann der Vater zurück und warf einen Blick in Angelikas Zimmer. Die hing völlig fertig in ihrem Sessel und starrte den alten Mann mit weit aufgerissen Augen an. „Was hast du denn, du liebe Angelika, geht es dir nicht gut?"

„Nicht gut, fragst du, sieh mich an, ich bin so nüchtern, dass ich eins und eins zusammenzählen kann."

Nun zählte der alte Mann eins und eins zusammen und stürmte aus dem Zimmer, um seinem Ältesten die Hölle heiß zu machen, weil er der Angelika nicht genug Schnaps gegeben hatte.

Aber jede Rechtfertigung Roberts, dass Angelika gesagt habe, sie sei so voll, dass sie schon weiße Mäuse sähe, wurde von der hinterhältigen Ziege abgestritten und zum Zeichen, dass sie Entzugserscheinungen hatte, zeigte sie ihre zitternden Hände.

„Hinaus mit dir, du unfähiger, undankbarer Sohn, ich will dich nie wieder in meiner Spielhalle sehen!“ schrie der alte Vater und jagte sein eigen Fleisch und Blut wegen der falschen Ziege, beziehungsweise Schlange Angelika aus dem Haus.

So machte sich Robert schweren Herzens auf, hinaus in die Welt.

Er brauchte nicht lange die „Große Freiheit“ hinunter zu marschieren als ihn ein kleiner Mann ansprach.

„He, Robert, willst du nicht ein wenig ausruhen und in die „Tabu Bar“ kommen. Hier kannst du alle Sorgen vergessen und ein Mittelchen gegen deinen Liebeskummer wird sich auch schon finden.“

„Du bist aber ein mickriger Türsteher“, sah Robert den Mann von höchstens einmeterfünfzig von oben nach unten an. „Und ich habe auch keinen Liebeskummer, mein Vater hat mich vor die Tür gesetzt.“

„Ich weiß, denn ich bin kein normaler Türsteher, Robert, ich bin ein gutes Wichtelmännchen, und leider ist meine Baumwohnung im Wald abgebrannt, so muss ich mir ein paar Euro hier vor diesem Etablissement dazuverdienen.“

„Ich verstehe“, fasste der verstoßene Sohn Vertrauen zu dem kleinen Mann und folgte ihm.

„Du musst eine anständige Arbeit erlernen, mein Sohn“, und so stellte der Wichtelmann Robert hinter die Bar und brachte ihm bei, wie man Bier zapft, bunte Drinks mixt und den Chef beim Kassieren bescheißt. Nach einer angemessenen Lehrzeit schickte der alte Wichtelmann Robert wieder hinaus in der Welt.

„So, nun bist du ein brauchbarer Barmixer und kannst dein Glück machen.“

„Vielen Dank, Wichtelmann, ich werde mein Glück schon machen. Es gibt ja, Gott sei Dank, genug Suffköppe, die einen guten Drink zu schätzen wissen.“

„Ja, Robert und außerdem will ich dir noch ein kleines Geschenk machen“, lächelte das Wichtelmännchen, „weil du mir immer so gut eingeschenkt hast.“

Er übergab dem verblüfften jungen Mann einen Kühlschrank. Keinen großen, mehr so einen tragbaren, aber geräumigen Hotelkühlschrank.

„Aber der ist ja leer“, rief Robert enttäuscht, als er einen schnellen Blick hinein warf.

„Es ist ein Zauberkühlschrank. Du musst rufen „Kühlschrank füll dich!“

„Kühlschrank füll dich!“, rief Robert und öffnete erneut den Schrank. Siehe da, er war mit den edelsten Getränken gefüllt. Feinste Whiskysorten, Gin, Wodka, und dazu die notwendigen Ingredienzien wie Zitronen- und Orangensaft fanden sich neben Oliven und selbstverständlich Eis.

„Er kann sich auch mit Lebensmitteln füllen, ganz wie es dir beliebt.“

„Das ist ja wunderbar“, freute sich Robert, „da wird mich ja jede Bar auf der Welt mit Kusshand nehmen. Vielleicht kann ich sogar meine eigene Kneipe aufmachen. Ich will sie „Zum Wichtelmann“ nennen. Vielen Dank liebes Wichtelmännchen. Und lebe wohl“, verabschiedet sich der junge Mann und verließ die „Tabu Bar“. Das Wichtelmännchen winkte ihm noch die „Große Freiheit“ hinunter nach.

Nun begab es sich inzwischen, dass der Vater wieder einmal geschäftlich verreisen musste. Diesmal beauftragte er den zweitältesten Sohn Michael, den Schnapsvorrat der Angelika auf- und sie selber abzufüllen.

„Verdammt, das Zeug läuft mir schon aus den Ohren aus“, lallte Angelika, nachdem Michael ihr ordentlich vom Schnaps eingeflösst hatte. „Ich bin so hackevoll, ich mag keinen Topfen mehr!“ Dann fiel sie ins Koma.

Als der Vater zurückkam, fand er allerdings Angelika so nüchtern vor, wie er sie noch nie gesehen hatte.

„Ich bin ganz ausgetrocknet, wie ein Flussbett in der Sahara!“, stöhnte und verdrehte sie die Augen.

„Du unfähiger Sohn“, erhob der Vater die Hand gegen Michael, der sich allerdings zu wehren wusste und so beließ es der Vater bei der Geste.

Wie schon bei seinem Bruder half auch ihm kein Beteuern, dass er Angelika ordentlich betrunken gemacht hatte.

„Geh mir aus den Augen und verlasse auf der Stelle die Spielhalle!“ rief der Vater erzürnt und enttäuscht über seinen Zweitgeborenen.

So ging Michael mit gesengtem Kopf und beinahe hätte er das alte Männchen übersehen, das vor der Tür der „Tabu Bar“ stand und ihm winkte. Es war dasselbe Wichtelmännchen, das schon seinem Bruder die Tür geöffnet hatte und es rief: „Hallo, Michael, komm einmal herüber zu mir, ich möchte dir etwas zeigen!“

Michael war erst misstrauisch, kannte er doch St. Pauli, und er wusste, was es dort für Perverse gibt. Aber schließlich überzeugte den zweitältesten Bruder das Lächeln des Alten, und er folgte ihm.

„Hier wirst du dein Glück machen“, brachte ihn das Wichtelmännchen in eine Spielhalle, neben der „Tabu Bar“. Es war eine ähnliche wie die seines Vaters. Doch hier gab es richtige Roulettetische, an denen feine Herrschaften saßen, und auch Baccarat, Black Jack und Poker wurde gespielt. Vornehme Damen und Herren gaben viel Geld aus.

Hier nun lernte Michael das Handwerk des Croupiers, und als er ausgelernt hatte, nahm ihn das Wichtelmännchen zur Seite. „Michael, nun bist du ein Fachmann auf dem Gebiet des Glückspiels und kannst hinaus in die Welt gehen und, wie versprochen, dein Glück machen.“

„Ja, ich danke dir, alter Mann, und verspreche, ein guter und ehrlicher Croupier zu werden.“

„Zum Abschied will ich dir noch ein kleines Geschenk mit auf deinen Weg geben, weil du mich immer gewinnen ließest“, zwinkerte das Männchen und im Nu stand vor Michael ein alter, verschrammter und verbeulter Geldspielautomat.

„Jetzt bist du wohl enttäuscht?“ lachte der Alte über das Gesicht, das Michael machte.

„Nein, ich bin nur überrascht“, wollte der junge Mann nicht undankbar erscheinen.

„Du musst nur rufen: *Maschine streck dich und reck dich!* klatschte das Wichtelmännchen in die Hände und wie durch einen Zauber klapperten Ein- und Zwei-Euromünzen aus dem alten Automat und Michael musste seine Hände unter die Klappe halten, damit das Geld nicht auf den Fußboden prasselte.

„So, nun heißt es Abschied nehmen“, drückte das Männchen Michael die Hand, nachdem der den Automat mit zwei Riemen auf seinen Rücken geschnallt hatte.

„Ja, lebe wohl und vielen Dank“, verließ der junge Mann die Spielbank.

Inzwischen war es dem jüngsten Bruder Stefan nicht besser ergangen als den beiden Älteren. Genau wie diesen trug ihm der Vater eines Tages auf, sich um den Alkoholpegel der Angelika zu kümmern, da er mal wieder geschäftlich fort musste.

Als er am Abend wieder nach Haus kam, fuhr ihm ein Schrecken in die Glieder. Die Angelika war wider Erwarten so nüchtern, dass sie sich mit glasklaren Worten beschwerte: „Ich fühle mich, als wäre ich schon seit drei Tagen trocken!“

„Du unfähiger Sohn“, schrie der Vater den Stefan an, „was hast du getan?!“

„Als ich heute Nachmittag nach ihr sah“, verteidigte sich der den Tränen nahe Sohn, „sagte sie, sie wäre so voll, das kein Milliliter mehr hinein ginge und dann, so dachte ich, wäre sie in ein Delirium gefallen. Hier, mit diesem Trichter habe ich sie abgefüllt!“

„Du Lügner“, schlug ihm der Vater das Plastikküchengerät aus der Hand und jagte ihn vor die Tür seiner Spielhalle.

„Was soll jetzt nur aus mir werden?“, setzte sich Stefan auf die Stufen eines Bordells im Nachbarhaus und stützte seinen Kopf auf seine Knie.

„Alles wird gut“, fühlte er eine Hand, die ihn an der Schulter berührte. Sollte das etwa eine schöne Fee sein? Nein, es war die dicke, rote Rita aus dem Puff im dritten Stockwerk. „Gehe nur zur „Tabu Bar“, dort wirst du ein Männchen finden, das dir weiterhilft. Nun geh schon, du vertreibst mir noch die Kunden“, gab sie dem kleinen Stefan einen Tritt in den Hintern und munterte ihn so auf, zu der angegeben Adresse zu gehen.

„Na, Stefan, hast du auch zu mir gefunden?“ lächelte das Wichtelmännchen, als Stefan vor ihm einen Diener machte. „Na, wir werden schon ein ordentliches Handwerk für dich finden. Komm einmal mit“, winkte er dem jüngsten Bruder und brachte ihn auf den Hinterhof der „Tabu Bar“. Dort befand sich das Ausbildungslager für einen privaten Wach- und Personenschutzbetrieb.

„Siehst du, Stefan, hier lernst du alles, um im späteren Leben deinen Mann zu stehen.“

„Ja, ich will mein Bestes geben“, versprach Stefan und begab sich sogleich in die Lehre. Außer Karate und Judo, erlernte der junge Mann auch die Handhabung von Waffen und Sprengstoff. Aktionen wie Entführungen und Geiselnahme wurden geplant und geprobt.

„So, nun bist du ein ausgebildeter Personenschützer und wirst einen guten Job finden, geh nun Stefan, die Zeit ist reif.“

„Ja, und vielen Dank für die profunde Ausbildung, sie wird mir bestimmt gute Dienste leisten.“

„Und hier habe ich noch ein kleines Abschiedsgeschenk für Dich“, reichte das Wichtelmännchen dem Stefan ein Futteral. „Es ist ein altes M16 Schnellfeuergewehr, und wenn Du „M16 aus dem Futteral“ rufst, schießt es solange du willst, ohne aufzuhören. Die Munition reicht endlos. Und jeder Schuss ist ein Treffer.“

„Das ist aber prima“, freute sich der junge Mann, „da spar’ ich aber eine ganze Menge Geld.“ Er gab dem Wichtelmann die Hand und bedankte sich noch einmal herzlich. „Jetzt will ich aber erst einmal sehen, wie es meinen Brüdern ergangen ist.“

„Na dann alles Gute“, winkte das Wichtelmännchen noch einmal und verschwand im Eingang der „Tabu Bar“.

„Wie wird es wohl meinen Brüdern ergangen sein?“, fragte sich der Jüngste und schlenderte die „Große Freiheit“

nach der „Reeperbahn“ hinauf. Da traf er eine recht Blonde, recht Feine, die gabelte er sich … ach nein, das ist ein anderes Märchen.

„Stefan, bist du es?“ rief ihn plötzlich eine Stimme an. Es war sein ältester Bruder Robert, der an der U-Bahn Station Dammtor zwischen den Pennern saß und ein betrübtes Gesicht machte.

„Robert?“ freute sich Stefan zuerst, seinen Bruder wiederzusehen und erschrak dann über dessen Aussehen. „Ich hätte gedacht, du hättest dein Glück gemacht und nun lungerst du hier herum?“

„Ja, sieh, ich hätte wirklich mein Glück machen können, nachdem ich meine Lehre als Barkeeper in der „Tabu Bar“ beendet hatte.“

„Du warst in der Tabu Bar? Dann kennst du auch das Wichtelmännchen?“

„Ja, das gute Wichtelmännchen, es gab mir den Zauberkühlschrank, und ich habe ihn durch meine Dummheit verloren?“

„Wie das?“, fragte Stefan und lud seinen ältesten Bruder zu einer Tasse Kaffee ein.

„Ich wollte, nachdem ich das Wichtelmännchen verlassen hatte und bevor ich mein Glück machen sollte, noch eine Currywurst essen. Dazu ging ich in die „Zwiebelschale“, einer Imbissbude am Hafen. Dort essen nur die härtesten Kerle. Hafenarbeiter, Seeleute und Versicherungsangestellte. Ich stellte mich also an den Glastresen und bestellte meine Wurst. Da kam so ein Riese von Kerl und fragte mich, warum ich denn einen Kühlschrank mit mir herum trug. Dumm genug wie ich war erzählte ich ihm die Geschichte vom Wichtelmännchen und dass dies ein Abschiedsgeschenk des guten Mannes war und was es sich mit dem Kühlgerät auf sich hatte. Ich machte eine kleine Vorführung und siehe da, nachdem ich gerufen hatte „Kühlschrank füll dich!“ waren lauter Würste und Schnitzel und Salate in meinem Kühlschrank. Ein großes „Hallo“ setzte ein, alle waren verblüfft von meiner kleinen Vorführung. Der Wurstbudenbesitzer wurde plötzlich ganz freundlich, lud mich zu der Currywurst ein und machte mir noch Pommes rot weiß und schenkte mir eine große Cola ein.“

Robert war von seiner Dummheit noch so ergriffen, dass er vergaß, wo er war.

Stefan musste seinen Bruder rütteln, damit dieser wieder zur Wirklichkeit zurückfand und weiter erzählte.

„Während nun seine Frau mir die Speisen brachte und alle anderen um mich Platz nahmen, um meine Geschichte vom Wichtelmännchen ganz zu hören, muss wohl der fiese Wurstbudenbesitzer heimlich meinen Kühlschrank mit einem anderen, baugleichen Model, ausgetauscht haben. Denn als ich wenig später wieder auf der Straße war, um endlich mein Glück zu machen und noch eine Kleinigkeit vorher essen wollte, ging der Kühlschrank nicht mehr. So oft ich auch *Kühlschrank füll dich* gerufen habe, es geschah nichts. Er blieb leer. So hatte ich meinen wunderbaren Kühlschrank verloren!“

„So eine verdammte Schei…“ rief Stefan und wurde richtig sauer über das Schicksal seines älteren Bruders. „Bist du denn nicht zur Polizei gegangen und hast eine Anzeige gegen den Wurstbudenbetreiber gestellt?“

Robert sah seinen jüngsten Bruder nur an und lächelte. „Weißt du, was die mit einem auf der Davidswache machen, der kommt und behauptet man habe ihm einen alten Kühlschrank gestohlen, der, wenn man sagt *Kühlschrank füll dich*, sich mit Essen und vor allem mit Schnaps füllt?“

„Ja, so bist du wenigsten nur bei den Pennern gelandet und nicht in der Klapsmühle.“

Nun saßen die beiden Brüder betrübt über ihrer Tasse Kaffee und grübelten nach, was sie jetzt tun sollten.

„Möchten Sie schöne Rosen kaufen, das Stück nur zu fünf Euro“, sprach sie ein Mann mit einem Strauß roter Rosen an.

„Ach, verzieh dich“, sagte und blickte der älteste Bruder auf und im selben Augenblick erschrak er. Der Rosenverkäufer war sein mitteltältester Bruder Michael. Auch Stefan bekam einen Schreck beim Anblick Michaels. „Michael“, rief er „wir dachten, du hättest dein Glück gemacht?!“

„Ach Brüder“, setzte sich Michael, „es ist doch eine zu traurige Geschichte, die mir widerfahren ist. Stellt euch vor, ich war in der Lehre bei einem Wichtelmännchen in der Spielbank neben der „Tabu Bar.“

„Nein!“, fuhren die beiden anderen Brüder gleichzeitig auf, „du auch?“

„Ja, und denkt euch, nachdem ich meine Lehre als Croupier abgeschlossen hatte, schenkte mir das alte Wichtelmännchen einen Geldspielautomaten, der, wenn man sagt *Maschine streck dich und reck dich!* Geld ohne Ende ausspuckt. Bis man wieder *Halt* sagt.“

„Und?“ wollte Stefan wissen, ahnte aber schon, wie es seinem zweitältesten Bruder ergangen war. Und richtig, auch er wollte noch eine Currywust essen, bevor er sein Glück machte und wurde von dem üblen Wurstbudenbesitzer und seiner Frau übers Ohr gehauen.

„Als ich wieder zurück in die Stadt kam und ein paar Kinder traurig vor einem Geschäft mit Süßigkeiten standen und kein Geld für Dropse und Schokolade hatten, sagte ich zu meinem Spielautomat *Maschine streck dich und reck dich!* Doch nichts geschah. Die Kinder wurden, weil ich sie angeblich verscheißern wollte, aggressiv und zogen ihre Messer und Schlagringe, so dass ich die Beine in die Hand nehmen musste.“

Auch Michael konnte nicht zur Polizei gehen, weil die ihm die Geschichte mit dem Geld spuckenden Automaten bestimmt nicht abgenommen hätten.

Nun saßen alle drei Brüder bei einer Tasse Kaffee und grübelten, was weiter geschehen sollte.

„Aber ich habe doch auch ein Geschenk von dem Wichtelmännchen bekommen“, hellte sich die Miene vom jüngsten Bruder auf und Stefan zeigte das Futteral.

„Wenn ich einen bestimmten Spruch aufsage, kommt das Ding aus dem Futteral und zersiebt alles, was sich ihm in den Weg stellt.“

„Das ist die Lösung“, sprang Robert auf. „Wir holen uns unser Eigentum von dem bösen Wurstbudenbesitzer zurück!“

„Ja!“, stimmte auch Michael zu. „Und dann können wir zurück zu unserem Vater und geben ihm genug Geld für seine Spielhalle, und ich werde sie aus den Schulden heraus führen. Schließlich bin ich gelernter Croupier.“

„Und ich werde Barkeeper, und du Stefan“, klopfte er seinem jüngsten Bruder auf die Schulter, „wirst der Sicherheitschef und schmeißt alles raus, was Stunk machen will!“

„Und die Angelika stecken wir in ein Heim für Trinker, da kann sie so nüchtern werden, wie sie will!“ fügte Stefan noch einen Traum dem seiner Brüder an.

Denn dass alles nur ein Traum sein würde, konnte man am nächsten Tag in den Hamburger Abendnachrichten lesen. Es wurden drei junge Männer bei dem Versuch, eine Würstchenbude am Hafen zu überfallen, festgenommen. Mit einem vorgehaltenem M16 Schnellfeuergewehr wollten sie den Inhaber dazu bringen, ihnen einen alten Kühlschrank und einen schrottreifen Spielautomaten auszuhändigen.

„Die haben doch wirklich behauptet“, gab der Wurstbudenbesitzer nach dem ersten Schock später lächelnd bei der Polizei und bei der Presse an, „mein Kühlschrank würde niemals leer und aus dem Geldautomat würde Kohle sprudeln, wenn man nur ruft *Maschine streck dich und reck dich!*“

Nur das Ende mit der Angelika hatte Stefan richtig vorausgesehen. Sie wurde von dem Vater in eine psychiatrische Klinik gebracht. Er hatte seine und die Geschichte seiner Söhne an ein großes Nachrichtenblatt verkauft und sich mit dem Erlös eine schöne Villa auf Mallorca eingerichtet.

Und die Brüder?

Die lebten seit ihrem Überfall auf die Würstchenbude in der gleichen Klinik wie die Angelika und teilten sich ein Zimmer. Angelika hatte ihr eigens Zimmer.

Der leitende Professor der Klinik betreute die drei Brüder persönlich. Stefan, der jüngste, war der festen Meinung, es wäre das Wichtelmännchen aus der „Tabu Bar“.

Nach einigen Jahren durften sie in der Wäscherei der Anstalt die Hand- und Tischtücher und die Bettwäsche waschen und bügeln.

Ende des ersten Märchens.

2. Märchen

Vorwort

Ein Handtuch bügeln? Ein Betttuch bügeln?! Ein Tischtuch!? Um Gotteswillen, wer hat denn so viel unbegrenzte Lebenszeit? Ein Hemd, einen Rock, ein Kleid, gut, wenn man abends ausgeht, aber Unterwäsche? Wer trägt denn seine Unterhosen so in der Öffentlichkeit, dass sie knitter- und faltenfrei seien müssen? Oder wie schläft man denn auf einem Bettlaken, das gebügelt ist? Ich hätte Angst mich ja überhaupt in so ein Bett hineinzulegen. In einem Hotel, in einer Pension oder in einem Gasthof finde ich es akzeptabel, es hat etwas mit Sauberkeit zu tun. Aber zu Hause, in den eigenen vier Wänden? Wessen Ar…, ich meine wer schläft denn in dem eigenen Bett, als man selber oder seine Ehefrau oder der Ehemann? Wenn man einem ganz speziellen Gewerbe nachgeht, und ich meine jetzt keine Hotels, Pensionen oder Gasthäuser, besteht eventuell das Bedürfnis nach gebügelten Laken. Aber, so habe ich gehört, sind diese Unterlagen meist aus Plastik oder Gummi. Na schön, in den teureren Etablissements sieht es anders aus. Aber muss ich bei mir zu Hause gebügelte Laken auf dem Bett haben? Und wie lange sind sie denn gebügelt, darf man da auch mal nachfragen? Eine Nacht, jawohl eine Nacht. Dann sieht das Bettzeug aus, wie das Gesicht von meiner Tante Else. Natürlich bevor sie verstorben ist.

„Niemand hat verlangt, dass du die Wäsche bügeln sollst.“

„Natürlich nicht, aber ich kann ja in deinen Augen lesen“, rechtfertige ich mich vor meiner Frau.

„Seit wann kannst du in meinen Augen lesen“, macht sie sich über mich lustig.

„Und wenn ich sage, ich lese dir jeden Wunsch von den Augen ab, was sagst du dazu? Das würde dir wohl nicht gefallen, oder?“

Dass sie mich in dieser Hinsicht für blind hält, sagt sie nicht. Ich habe es von ihren Augen abgelesen.

Um auf das Thema Bügeln zurückzukommen und zu berichten, was durch dasselbe angerichtet werden und was für

Schaden es verursachen kann, schneide ich ein scharfe Kurve und komme zum Anfang der Geschichte:

Von den drei Königen

Es waren einmal drei Brüder.

„Schon wieder drei Brüder“, fragt meine Frau in den Anfang des zweiten Märchens hinein, „es waren doch schon drei Brüder in der ersten Geschichte? Und sollen die vielleicht etwas mit den heiligen drei Königen zu tun haben?“

Ich ignoriere den Einwand, und die Frage verneine ich, auch weil schon zuviel Zeit für das Vorwort draufgegangen ist. Also:

Es waren einmal drei Brüder. Sie lebten auf einer Tischdecke. Sie waren Könige. Drei Könige. Ihr Reich war umrandet von hohen Bergen und durchzogen von sanften Hügeln. Ihre Untertanen, vom Stamme der Milben, waren ihnen treu ergeben und folgten den gerechten und weisen drei Brüdern Milb, Mulb und Molb.

Die Regierungsform in Milbanien war schon seit Millionen von Jahren die Monarchie. Dass jeweils mehrere Könige die Staatsgeschäfte des kleinen Volkes lenkten, lag schlicht daran, das die Lebenserwartung klein und das Sterberisiko bei den Milben hoch war.

Milb, der älteste der Brüder, hatte gerade gefrühstückt, als ihn die Nachricht von der Bedrohung ihres Reiches ereilte. Ein Bote hatte das Schreiben von einem der Wächter an den Grenzen des Landes überbracht.

„Himmel, Arsch und Wolkenbruch!“ rief Milb aus, nachdem er die Zeilen überflogen hatte, „wenn wir jetzt nicht reagieren, steht unser Ende bevor!“.

Sofort ließ er seine Brüder Mulb und Molb herbeirufen.

Molb, der zweitälteste König, wurde bei einem wichtigen Experiment gestört und reagierte zuerst sehr ärgerlich auf die Benachrichtigung. Genauso fiel die Reaktion des jüngsten der drei Brüder, Molb, aus. Er war auf einer Klettertour in den heimischen Bergen von der alarmierenden Botschaft überrascht worden.

Schließlich fanden sich die Brüder im Palast zusammen und ließen sich von ihrem Ersten 1. Minister Mölb, es gab aus den bekannten Gründen noch zwei weitere 1. Minister, über den Stand der Dinge unterrichten.

„Meine Hoheiten“, Mölb machte eine tiefe Verbeugung, „wie Sie schon wissen, droht unserem Land eine große Gefahr. Sie kommt aus dem Universum.“

Auf die fragenden Gesichter der drei Könige und der anderen Anwesenden im Thronsaal holte der Erste 1. Minister weit in der Geschichte von Milbanien aus. Eine Landkarte wurde von Bediensteten aufgestellt und der Erste 1. Minister erläuterte: „Vor langer Zeit besiedelten unsere Vorfahren dieses Land, das in der Welt der Menschen liegt und in ihrer Sprache Tischdecke genannt wird. Von den Krümelfeldern im Norden bis zu den Bergen aus Schwarzwälder Kirschtorte im Süden lebt seit Generationen das Volk der Milben unter der Herrschaft ihrer Gottheit, Frau Helene Weichleiter.“

Die Anwesenden erhoben sich und verneigten sich vor ihrer Göttin. Dann fuhr der Erste 1. Minister fort.

„Sie sorgte für unser Essen, für das Material zum Bau unserer Häuser und für den Schutz unserer Art vor übermäßiger Berührung mit Putz- und Reinigungsmitteln.

Doch nun bedroht eine Gefahr unser Dasein und den Fortbestand unseres Volkes. Wie Späher und Spione in äußerst gefährlicher Mission, auch außerhalb unserer Landesgrenzen, herausgefunden haben, haben wir eine neue Gottheit!“

Ein Raunen ging durch die Reihen der Anwesenden. Aufgeregtes Geplapper und ängstliche Vermutungen mischten sich zu einem Schwall, der vom Ersten 1. Minister wieder zur Ruhe gebracht wurde.

„Meine Majestäten, hoher Rat der Milben, liebes Milbenvolk“, setzte Mölb an, „wie ich von unseren Kundschaftern erfahren habe, ist die Neue Gottheit aus dem direkten Geschlecht der von Weichleiter. Meine liebes Volk der Milben, ich präsentiere Euch die Neue Gottheit, Frau Luise Weichleiter!“

Ein Schreien und Rufen ging durch die Reihen der Milbaner, wie auf Bestellung neigte sich ein riesiges menschliches

Gesicht über die Welt der kleinen Spinnentiere. Und zum Entsetzen aller brach unter lautem, donnerndem Getöse ein Unwetter über die Versammlung herein, dass ein Platzen der Gehörgänge drohte.

„Wie es hier aussieht?“ dröhnte es und: „hier muss erst einmal gründlich sauber gemacht werden. Die Oma war doch in ihren letzten Jahren recht unordentlich.“

Dann geschah, womit niemand, nicht einmal der Erste 1. Minister, gerechnet hatte. Ein Erdbeben breitete sich von den Kuchen-, Brötchen- und Brotkrümelfeldern aus und fegte über das Land bis zu den Bergen und glättete einige beliebte Ausflugsziele von Milbanien zu einer flachen Ebene.

Als sich die Erschütterung wieder gelegt hatte, sah man erst das ganze Ausmaß der Katastrophe. Hunderte, ja Tausende Opfer waren unter den Milbanern zu beklagen. Unter ihnen auch der 1. König Milb und der Dritte 1. Minister Mülb. Außerdem waren Unmengen an Lebensmittelvorräten an Brot- und Brötchenkrümeln, die Hauptnahrung der Milben in diesem Land, vollständig vernichtet. Auch Reste von Schokolade und Zucker wurden von der Decke gefegt. Zusätzlich zu den Zerstörungen drohte noch eine Hungersnot.

Ein Klagen und Wehgeschrei setzte ein und das Land versank in tiefer Trauer.

Doch es galt sich aufzurappeln und „sich nicht durch diesen Schicksalsschlag unterkriegen zu lassen!“

So lauteten die aufrüttelnden Worte des Ersten 1. Ministers.

Auch König Mulb, der zweitälteste Bruder, nahm das Zepter an sich und rief sein Volk zur Geschlossenheit auf. Er und auch die anderen Milbaner ahnten allerdings nicht, was das Schicksal ihnen noch für schwere Prüfungen auferlegen sollte.

Kurz nach den ersten Aufräumungsarbeiten traf auch schon der nächste Schlag Milbanien. Wieder sollten Tausende von fleißigen und ehrbaren Bewohnern den Tod finden.

König Mulb hatte mit seinem Ersten 1. Minister eine Strategie zur Verteidigung gegen die neue Göttin Luise ausgearbeitet. Dass diese, im Gegensatz zu ihrer Vorgängerin, eine böse Gottheit sein würde, war inzwischen klar.

Und so versuchte man sich durch tieferes Eingraben in das Gewebe, vor weiteren Angriffen der neuen Göttin zu schützen. Dass es Luise Weichleiter auf die Vernichtung des Volkes der Milbaner abgesehen hatte, war mittlerweile auch dem letzten Optimisten und Menschenfreund klar geworden.

Doch für viele kamen die Schutzmaßnahmen zu spät, denn wie aus heiterem Himmel ging ein gigantischer Asteroid auf Milbanien nieder. Er schlug genau an der Stelle auf, an der der Palast stand und machte König Mulb mitsamt seinem Hofstaat und dem Ersten 1. Minister platt wie Flundern.

Nun war das Geschrei groß und nur, weil der jüngste König Molb und der Zweite 1. Minister die Tragödie überlebt hatten, wurde eine noch größere Panik verhindert.

„Herr Zweiter 1. Minister Mülb", sprach der König seinen letzten 1. Minister neben sich an, und zeigte auf die Stelle, wo einmal der Palast gestanden hatte: „Was ist das gewesen?"

Aber auch der Zweite 1. Minister wusste keine Erklärung für das ungeheure Ding, das die Residenz der Könige von Milbanien zerstört hatte. Er legte den Kopf schief und versuchte die seitlich angebrachten Buchstaben und Worte zu lesen. Es war menschliche Schrift. Mülb hatte in seiner Jugend die Sprache und die Schrift der Götter studiert. Nun las er langsam vor: „Leitz Ordner" und weiter: „Steuern und Finanzen, Helene Weichleiter!"

Das war es also gewesen, das den Palast in Trümmern legte. Keine Naturgewalt, sondern die Göttin Luise Weichleiter hatte das Zentrum Milbaniens vernichtet.

Das Volk der Milben begann sich unter der Führung ihres letzten und jüngsten Herrschers, König Molb und dem Zweiten 1. Minister Mülb tiefer und tiefer in das Gewebe ihres Landes einzugraben, um sich vor den Schlägen der neuen Göttin zu verbergen.

Aber es half alles nichts, das Ende von Milbanien war nahe. Endgültig wurde das Schicksal des kleinen Volkes der Acari, Acarina, wie sie von gelehrten Menschen genannte wurden, besiegelt, als die große und mächtige Göttin Luise Weichleiter das ganze Land mit samt seinen Bewohnern in eine Maschine steckte und einen Schalter auf 60 Grad Bunt stellte.

Eine riesige Flutwelle schwappte über Milbanien zusammen und wirbelte alle Einwohner durcheinander. Hunderttausende starben schon bei der Vorwäsche und noch weitere Zehntausend im Hauptwaschgang. Etliche wurden mit dem Spülgang fort von ihren Lieben und hinein in ein nasses, dunkles, kaltes Grab gerissen. Die Kraft der Schleuder besiegelte endgültig das Schicksal des Milbenvolkes.

Einzig König Molb und einige seiner Getreuen hatten das fürchterliche Massaker überstanden und klammerten sich, mehr tot als lebendig, an ihre ehemalige Heimat, die jetzt kopfüber in der Sonne ausgedörrt wurde.

Fast hatte Molb gedacht, er könne mit seinen übriggebliebenen Landeskindern einen neuen Staat der Milben gründen, als auch diese Hoffnung auf grausamste und unmilbischste Art zunichte gemacht wurde.

Als das Land wieder zu Ruhe kam, so glaubte König Molb, geschah es, dass eine Maschine über das Land fuhr und alles plättete. Die gerade neu entstandenen Hügel und Berge wurden von dem Ungetüm niedergewalzt und so wurde den Überlebenden auch noch die letzte Lebensgrundlage genommen.

Molb, der letzte König, der letzte der tapferen drei Brüder, sah keinen anderen Ausweg und warf sich der dampfenden und zischenden Höllenmaschine mutig entgegen und wurde von ihr versengt. Seine letzten Helden taten es ihm gleich.

Mit ihm starb das Volk der Milben. Hätten seine zwei Brüder und seine Untertanen sein heroisches Ende noch erleben dürfen, sie wären stolz auf ihn gewesen.

Auch die Brüder und Schwestern im Land der ledernen Berge am anderen Ende des Universums hatten von dem ruhmreichen Ende erfahren und schöpften für ihren bevorstehenden Kampf mit der neuen Göttin Trost und Mut.

Ende des 2. Märchens

3.Märchen

Vorwort

„Das ist ihr Schicksal.“

„Ihr Schicksal?“, fragte ich den Mann hinter dem Fahrkartenschalter.

Ich hatte gerade die zweite Geschichte beendet und wollte mit der Bahn in die Stadt fahren, um eine Tasse Cappuccino zu trinken und über ein mögliches Thema für das dritte Märchen nachzudenken.

„Ja, das ist das Schicksal der Milben, weil sie keine glücklichen Tiere sind“, ergänzte der Fahrkartenverkäufer hinter seiner doppelt gesicherten Glasscheibe.

„Milben sind keine glücklichen Tiere?“

„Nein, es gibt glückliche Tiere und unglückliche. Die Milben gehören zu den unglücklichen Tieren.“

Ich war erstaunt. So etwas hatte ich noch nicht gehört. Ich löste eine einfache Fahrkarte für die S-Bahn. Nicht nur, dass der Mann hinter dem Glas die Geschichte des Milbenvolkes kannte, er war auch ein Experte für glückliche und unglückliche Tiere.

„Schildkröten, zum Beispiel, sind unglückliche Tiere und Elefanten sind glücklich.“

„Woran erkennen Sie das?“, wollte ich nun wissen, während ich ihm einen Zehneuroschein durch den Schlitz schob.

„Bei Schildkröten am Gesicht und bei Elefanten an ihren Jungen; sie spielen. Haben Sie schon einmal eine Schildkröte gesehen, die mit einer anderen spielt?“

Mein Gesichtsausdruck verriet ihm, dass mir noch keine Schildkröte, auch keine Junge, über den Weg gelaufen, beziehungsweise geschlurft war, die bereit war, ein Spielchen zu machen. Ich nahm mir fest vor, das Tier meines Großneffen genauer zu beobachten. Bei dieser Gelegenheit könnte ich ja auch gleich …

„Sehen Sie“, unterbrach der Mann meinen schon in Gedanken gefassten Besuch bei meinen Verwandten, nickte und legte das Wechselgeld und meinen Fahrschein in eine

Klappe und schob das Ganze unter der Scheibe durch. „Raben“, sagte er gleichzeitig und sah mich an. „Raben sind glückliche Tiere. Sie hüpfen und fliegen den ganzen Tag durch die Gegend und außerdem können sie sprechen.“

„Raben können sprechen?“

„Ja, sie beherrschen die menschliche Sprache.“

„So wie der Zweite 1. Minister in der vorangegangenen Geschichte?“

„Nein, Milben müssen die Sprache der Menschen mühsam erlernen. Raben hingegen können sie von Geburt an sprechen und verstehen.“

Ich bedankte mich bei dem Mann hinter dem Fahrkartenschalter und fuhr los, um meinen Cappuccino zu trinken. Angekommen in einem Straßencafé, notierte ich die folgende Geschichte:

Die Geschwister Askr und Embla

„Ich hacke dir ein Auge aus“, krächzte Kvasir, und Askr erschrak so heftig über die Drohung, dass er einpinkelte. Der Fleck auf seinem Hosenlatz wuchs und kurze Zeit später tropfte es aus einem Hosenbein des Jungen.

Embla, kaum weniger ängstlich, trat trotzdem einen Schritt vor und versuchte, so gut es ging, einen mutigen und entschlossenen Ausdruck auf ihr Gesicht zu legen

„Lass meinen Bruder in Ruhe“, drohte die Vierzehnjährige dem Vogel mit der Faust. „Sonst drehe ich dir die Gurgel um. Schnapp, schnapp“, rief sie und deutete an, wie sie Kvasir die Hände um den Hals legte. Allerdings sah die Gebärde aus, als würde das Mädchen ein nasses Handtuch auswringen.

„Ich kann euch alle beide in Kröten verwandeln“, prahlte der Rabe.

Embla konnte es nicht leiden, wenn Tiere sprachen, schon früher nicht, in den Kinderbüchern, und auch später in Filmen, die sie im Kino gesehen hatte. Umso schlimmer fand sie es, wenn sie auch noch böse waren.

„Du lügst ja, du hässliche Krähe“, fasste Embla ihren ganzen Mut zusammen und griff nach einem Knüppel, der in der

Ecke der alten Hütte an der Wand lehnte und fuchtelte damit vor den Augen Kvasirs herum, als sei er ein Degen. Der Vogel flatterte mit den Flügeln und verlor beim Zurückweichen das Gleichgewicht. Durch sein Straucheln und der jämmerlichen Flucht des Raben vor dem Stock verloren die Geschwister, und besonders der jüngere Askr, ihre Furcht.

„Bring den Korb!“, rief Embla und stürzte blitzschnell auf den überraschten Kvasir zu, um ihn zu packen und unter den vom Bruder gebrachten Weidenkorb zu stecken. Dann setzte sie sich darauf und lachte lauthals über den gefiederten Gefangenen.

Askr lachte ebenfalls und tanzte vor dem Korb, auf dem seine Schwester saß. Dazu sang er: „Jetzt haben wir ihn, jetzt haben wir ihn, wir haben den bösen Raben!“ Dann blieb er stehen und sah Embla fest in die Augen: „Er muss uns sagen, wo Vater und Mutter sind! Das wird er doch, oder Embla?“

„Da könnt ihr lange warten, eher friert die Hölle ein“, drang es durch die Ritzen des Korbes. Gleichzeitig duckte sich Kvasir, als erwartete er einen Widerspruch in Form eines Fußtritts. Der kam schließlich von Embla, mit dem Hacken gegen den Korb ausgeführt.

Das Mädchen überlegte einen Augenblick und dann erhellte sich ihr Gesicht. „Wir brauchen die Information gar nicht von dem Raben, also können wir ihn auch braten und verzehren. Ich habe gehört, Raben sollen sehr köstlich schmecken. Hast du nicht auch Hunger, Askr?“

Der Junge verdrehte die Augen und bevor er sagen konnte, dass er lieber keine Raben essen wollte, legte seine Schwester den Finger an ihren Mund, um ihm zu bedeuten, dass er schweigen solle. Dabei lächelte sie noch stärker und Askr begriff.

„Ich bin ungenießbar. Raben sind ungenießbar und ein Zauberrabe, wie ich es bin, ist noch viel ungenießbarer. Durch mein Wissen über Zaubersprüche schmecke ich entsetzlich bitter und außerdem giftig. Ihr könntet an meinem Verzehr sterben.“

„Wir mussten in unserem Leben schon ganz andere Sachen essen als alte, zähe Raben, das kannst du mir glauben.

Wir sind an Fastfood gewöhnt und an Essen aus aller Herren-länder."

„Ja, erst gestern mussten wir mit unseren Eltern indonesisch essen und vorige Woche waren wir bei einem Australier. Weißt du, wie Krokodil schmeckt?", sah Askr durch die Lücken in den Weidenkorb hinein, in dem Kvasir gefangengehalten wurde. Der schüttelte den Kopf. Man sah, wie ihm die Federn am Kopf zu Berge standen.

„Siehst du, genau so", interpretierte Askr die Gemütsregung ihres Gefangenen.

„Und eure Eltern zwingen euch, so etwas zu essen?"

„Na ja, sie zwingen uns nicht, es ist nur so, dass sie immer wieder etwas Neues ausprobieren wollen, weil sie so aufgeschlossen und weltoffen sind", fügte Embla der Erzählung ihres kleinen Bruders an. „Aber jetzt siehst du, dass es uns nichts ausmachen würde, dir deinen dünnen Hals umzudrehen und dich in die Röhre zu schieben, bis du knusprig gebraten bist."

Kvasir fand es angesichts der für ihn gegenwärtig ungünstigen Situation angebracht, seine Strategie zu ändern.

„Kinder, lasst mich heraus aus dem Korb, ich will euch sagen, wo eure Eltern sind."

„Dann sag es", trat Embla noch einmal mit dem Fuß gegen den Korb, „bevor wir dich heraus lassen."

„Sie warten auf dem Berg Upsala, dort habe ich sie in eine Hütte gesperrt, ähnlich dieser hier."

Embla sah sich die schäbige Unterkunft an, in der sie seit zwei Tagen gefangen gehalten wurden. Sprach der Rabe die Wahrheit? Aber wie sollten sie und ihr Bruder es herausfinden?

„Ihr müsst mir vertrauen. Und außerdem: Habt ihr schon einmal in einem Märchen erlebt, dass ein Zauberer, der sich selber in einen Raben verwandelt hat, nicht die Wahrheit sagt?"

„Du bist ein Zauberer?", fragten Embla und Askr beinahe gleichzeitig.

„Natürlich, habt ihr nicht zugehört? Ich bin ein naher Verwandter von dem Dings, von dem Dingsbums", Kvasir kam gerade nicht auf den Namen seines Vetters, den Zauberer Petrosilius Zwackelmann aus der Geschichte des Räubers Hotzenplotz.

„Und außerdem ist der andere, der, der, der …“ fiel dem Raben auch nicht der Name seines Großcousins ein. „Der vom gestiefelten Kater dazu gebracht wurde, sich in eine Maus zu verwandeln und der dann gefressen wurde.“

„Aber eine kleine Kostprobe deines Könnens musst du uns schon geben, sonst können wir dir nicht glauben“, bestand Embla auf ein Zeichen.

Kvasir überlegte einen Augenblick. „Dazu müsst ihr mich aber unter dem Korb hervorlassen. Ich bin nämlich viel zu groß. So kann ich mich nicht in meine eigentliche Person zurück verwandeln. Und nur in meiner wahren Gestalt kann ich zaubern.“

Askr sah ängstlich zu seiner Schwester. Embla überlegte, was sie tun sollten. War es wirklich ratsam, den Raben unter dem Korb hervorzulassen? Nur um zu sehen, ob er wirklich zaubern konnte? Er würde sie bestimmt übers Ohr hauen. Sie durften ihm nicht trauen. Dann hatte sie eine Idee. Sie suchte die Hütte mit den Augen ab und nach einer Minute fand sie, was sie brauchte. „Bleib schön auf dem Korb sitzen“, mahnte sie ihren Bruder. Dann lief sie und holte das Stück Draht, das sie gesehen hatte. Geschickt knotete sie eine Schlinge und hielt sie vorsichtig unter den Korb. „Steck deinen Hals dort hinein, dann wollen wir dich heraus lassen.“

„Na schön, wie Ihr wollt“, und der Rabe tat, wie die Kinder gesagt hatten.

Nun hielt Embla Kvasir am anderen Ende des Drahtes.

„Zieh nicht so fest, du könntest mir die Kehle zuschnüren, und ich bekomme keine Luft mehr.“

„Dann hältst du endlich deinen vorlauten Schnabel“, wurde Askr mutig, obwohl dies sonst seine Mutter zu ihm sagte.

„Nun nehmt schon den Korb hoch. Ich kann ja gar nichts sehen.“

Embla lugte durch die Zwischenräume des Korbes, ob die Schlinge auch wirklich am Hals des Raben saß. Es war so.

Askr nahm langsam den Korb hoch.

Kvasir blinzelte. Seine Augen mussten sich erst wieder an das Licht gewöhnen. Er begann unverständliche Worte zu murmeln, und dabei streckte er sich. Immer heftiger wurden seine Bewegungen. Er wuchs. Wurde größer und größer und veränderte sein Aussehen. Er wurde ein Mensch.

„Es ist ein Mensch“, rief Askr überrascht und auch ein wenig erleichtert. Hatte er doch gefürchtet, der Rabe würde sich in ein Monster verwandeln. In ein Ungeheuer. Stattdessen stand nun ein Mann mittleren Alters, mit einer Brille auf der Nase und mit einem weißen Kittel bekleidet, vor den beiden Kindern.

„Das ist deine richtige Gestalt?“ fragte Embla, nicht weniger als ihr Bruder über das Aussehen des Zauberers verwundert. „Ich hatte gedacht, du trägst ein langes schwarzes Kostüm, mit Sternen und Mond darauf geklebt. Und auf dem Kopf einen langen, spitzen Hut.“

„Bist du denn ein Zauberer?“, wollte Askr wissen. Er war ein wenig enttäuscht. Stellte er sich doch, wie seine Schwester, einen Zauberer anders vor als diesen da, der aussah wie ein Doktor.

„Ihr dummen Kinder, ihr dummen, dummen Kinder“, lachte Kvasir und zog mit einer schnellen Bewegung an dem Draht den Embla in ihren Händen hielt. Sie war so überrascht, dass sie nicht reagieren konnte.

Kvasir löste die Schlinge um seinen Hals und warf den Draht fort.

„Glaubt ihr denn, Zauberer gehen nicht mit der Zeit? Dieser Mummenschanz ist doch längst out. Auch beschäftige ich mich nicht mehr mit Kröten und Kräutern und Spinnenbeinen, um irgendwelche Zaubertränke mit dummen Sprüchen zu belegen. Hier“, und Kvasir zog etwas Rotes aus seiner Tasche und reichte es Embla. Es war fest und fühlte sich glatt an.

„Ich nenne es *Plastik*. Ich habe diesen Kunststoff entwickelt. Die Zusammensetzung ist natürlich geheim. Nach vielen Experimenten ist es mir gelungen, diese Mischung durch Zauberkraft herzustellen. Es ist umweltfreundlich, weil nicht mehr so viele Rohstoffe verbraucht werden. Im Grunde nur ein einziger“, Kvasir blickte die beiden Kinder mit durchdringendem Blick an.

Askr bekam Angst, dass er fürchtete, sich schon wieder in die Hose zu machen.

Embla nahm sich zusammen. „Was soll das für ein Rohstoff sein?“

Der Zauberer lächelte süffisant und brachte noch zwei andere Dinge aus der Tasche seines Kittels zum Vorschein. Es waren zwei Figuren aus Plastik. Eine Königin und ein Feuerwehrmann.

„Erkennt ihr sie wieder?“

Die Kinder schüttelten den Kopf.

„Nein? Dann sagt guten Tag Mutter und guten Tag Vater.“

Embla schrie auf und wollte die Figuren aus den Händen Kvasirs reißen. Doch dieser hob die Figuren hoch, so dass das Mädchen nicht herangelangte.

„Sie haben gegen mich demonstriert. Sie haben eine Bürgerinitiative gegründet und wollten meine Arbeit verhindern. Ich würde die Umwelt vergiften mit meinen Produkten“, erklärte Kvasir und lachte dabei böse. „Nun sind sie meine Prototypen, für eine neue Generation von Kinderspielzeug. Und auch ihr werdet bald andere Kinderherzen erfreuen.

„Was wirst du mit uns machen?“, nahm Embla tröstend ihren ängstlich weinenden Bruder in den Arm.

„Ich werde euch, wie eure Eltern in Plastik verwandeln. Ich weiß nur noch nicht, in welche Figuren. Aus dir“, zeigte Kvasir auf Embla, „könnte ich eine kleine Prinzessin machen, passend zu deiner Mutter. Und du, Kleiner“, trat der Zauberer drohend auf Askr zu, „wie würde es dir gefallen, wenn ich aus dir einen Polizisten machen würde?“

Ein leichtes Lächeln spielte um den Mund des Jungen.

„Ich werde dann meine Erfindung an die Industrie verkaufen und ein reicher Mann werden“, lachte Kvasir jetzt wieder böse. Ich habe auch schon einen Namen für mein neues Produkt. Ich werde es *Playmobil* nennen.“

Ende des dritten Märchens.

Epilog

„Das ist aber Schleichwerbung“, war der einzige Kommentar meiner Frau zu dem letzten Märchen, nachdem sie es gelesen hatte. „Und untersteh dich, die unserem Großneffen vorzulesen. Der Junge kriegt ja einen Schock fürs Leben.“

„Na ja, das Leben ist ja auch nicht ganz leicht, und man kann nicht früh genug anfangen, einem Kind beizubringen, dass es nicht, jedenfalls nicht immer, zugeht wie in einem Märchen“, wollte ich meiner Frau entgegnen, unterließ es aber. Dann werde ich dem Großneffen eben die Märchen vorlesen, wenn er achtzehn ist. Dann wollen wir mal sehen, was er sagt.

Ich jedenfalls bin zufrieden mit dem Geschriebenen und setze mich gleich an die nächsten drei Märchen. Eins habe ich schon im Kopf. Ich will nicht zu viel verraten. Nur soviel: Es hat etwas mit sieben Zwergen, einer Prinzessin und der Wintersportindustrie zu tun.

GEMISCHTES 3

Kurzes Gespräch zweier Zutaten eines Thunfischsalats

Ich hasse Geschichten wie: „Vorsicht, da kommt ein Auto–matsch–matsch–matsch!“

„Ich kenne solche Gräuelgeschichten“, nickte die Erbse betroffen. „Achtung, da kommt eine Trepp–trepp–trepp–trepp! So haben sie nicht nur meine Generation, sondern auch die meiner Vor-, Vor-, Vor-, Vor-, Vorfahren und noch weiter zurück in der Vegetation unserer Ahnen sich um das junge Gemüse ängstigen lassen.“

Die Tomate lächelte. „Nun, eine wirkliche Gefahr, von einem Auto überfahren zu werden, besteht für unsere Artgenossen nicht mehr, da wir meist direkt aus den Gewächshäusern über Frischhaltecontainer in die Regale der Lebensmittelabteilungen gelangen. Nur auf dem Weg vom Einkauf kann der ein oder andere Unfall noch geschehen. Aber da die Wahrscheinlichkeit sehr gering ist, dass bei dem Zusammenstoß eines Käufers mit einem Auto auch einer unserer Artgenossen überfahren wird und zu Matsch kommt, müssen wir uns darüber heutzutage nicht mehr viele Gedanken machen.“

„Ja, da hast du recht“, pflichtete die Erbse der Tomate bei, „und unsere Art wird vorwiegend mit anderen zusammen in Dosen transportiert. Wenn da mal eine Dose eine Treppe herunterfällt, kann einer einzelnen Erbse nicht mehr viel passieren. Eigentlich schade.“

„Schade?“, wunderte sich die Tomate.

„Na ja, früher waren wir freier. Da konnte man uns noch in Tüten kaufen, und da waren wir auch noch härter und nicht so weichgekocht, wie wir es heute sind. Die meisten von uns, die gegessen werden, werden so, fertig gekocht serviert. Der Esser macht sich auch kaum noch die Mühe, uns einzuweichen und richtig zu kochen."

„Nun ja, wir werden noch in überwiegender Zahl frisch gekauft. Obwohl ich zugegeben muss", blickte die Tomate nachdenklich, „dass immer mehr von uns auch in Dosen und in getrockneter Form auf den Markt kommen. Vor allem die Italiener verbreiten diese Unsitte."

Die Tomate und die Erbse schwiegen gedankenvoll. Kurz bevor man der Tomate den Stiel heraustrennte und Öl und Essig und Salz an die Frucht kam, rief sie noch der Erbse zu: „Jedes Ding hat zwei Seiten, man muss es nehmen wie es kommt!"

„Ja", rief die Erbse zurück, „ich wünsche dir noch einen guten Matsch–matsch–matsch!"

Wie wichtig ist für Sie die deutsche Wurst?

Vom U-Bahnhof Alexanderplatz quer über den Alex, eine Bratwurst im Brötchen inbegriffen, mit der S-Bahn zwei Stationen, über Hackescher Markt bis Bahnhof Friedrichstraße und herunter über die Friedrichstraße bis ins Cafe „Friedrichstraße“, waren es: 2 × Obdachlosenzeitung, 1 × Tierschutz, 2 × Umwelt, ich stelle ein wachsendes Interesse an der Ökologie fest, 1 × allgemein, Essen und Trinken, 1 × Fitness für Frauen – hab mir trotzdem einen Gutschein geben lassen, man kann ja nie wissen – und 1 × Gott. Den Typ mit seinem Koffer, auf dem steht: „Frage mich nach Jesus“, habe ich nicht mitgerechnet. Er zählt nicht, da er mich nicht direkt angesprochen hat. Er fährt nur still S-Bahn. Mich würde interessieren, ob ihn überhaupt schon einmal jemand angesprochen hat. So wie die acht Menschen, die mich in den letzten knapp dreißig Minuten zu dem einen oder anderen überreden oder veranlassen wollten.

Umgerechnet auf ganz Berlin müssen da schon eine ganze Menge Leute unterwegs sein, die etwas mitzuteilen oder zu verkaufen haben. Noch nicht die vielen fleißigen, unermüdlichen Telefonmenschen, die Umfragen zur Politik, zur Wirtschaft und zur Verdauung machen. Die einem Versicherungen, Lotterieveranstaltungen aller Art und seit neustem Jobs vermitteln wollen. Die letzte Variante allerdings bedient sich schon der segensreichen Erfindung eines sprechenden Computers. „Guten Tag, ich bin …“, stellt sich eine Stimme vor, noch bevor man seinen Teilnehmernamen nennen kann und dann will man antworten: „Sie wünschen?“ Doch da plappert die nette Frauenstimme schon etwas von „wenn Sie einen guten und einträglichen Nebenverdienst suchen, können wir Ihnen …“, dann lege ich meistens auf.

Ich finde es ja von meiner Erziehung her unhöflich, Menschen zu unterbrechen, so etwas tu ich auch nur sehr ungern, indem ich meist in einem sehr sanften Ton die Dame oder den Herrn von der Lotteriegesellschaft am Telefon darauf hinweise, dass ich nicht beabsichtige, Millionär zu werden, da die Verwandtschaft mir das nicht gönnt und dann abluchsen würde. Das stimmt natürlich nicht, meine Verwandten sind alle sehr nett, und ich würde sowieso mit ihnen teilen. Nein, ich unterbreche, weil ich kein Freund von Glücksspielen und auch kein glücklicher Spieler mit einer glücklichen Hand für Glücksspiele bin und deshalb die Zeit der entsprechenden Damen und Herren nicht über Gebühr beanspruchen möchte. Es kostet ja auch Geld, so den ganzen Tag in der Bundesrepublik herumzutelefonieren. Und schließlich hat ja auch ein anderer das Recht, mein nicht angenommenes 8tel, 4tel oder 16tel Los zu erwerben und sein Glück damit zu machen. Außerdem finde ich, so eine kleine Lüge mit der Verwandtschaft tut niemandem weh, und dem Anrufer muss ich nicht so deutlich sagen, dass mir der gegenwärtige, meist schon zweite oder dritte Anruf an diesem Tag dermaßen auf den Keks geht, dass ich denjenigen, der nun zufälligerweise an der Leitung ist, mit der Faust um seine Gurgel durch den Telefonhörer ziehen und ihn wie eine Fliege an der Wand zermatschen könnte. Nein, das würde ich nicht tun und um mich auch gar nicht so aufzuregen, erzähle ich dann schnell die nette Geschichte von meiner gierigen Verwandtschaft, und das verstehen die meisten netten und zuvorkommenden Telefonverkäufer und Telefonverkäuferinnen und sind meist auch nicht böse, wenn ich mit einem kleinen Scherz auf den Lippen die Verbindung trenne. Schließlich müssen diese Herrschaften ja auch leben! Vielleicht nur nicht so viele an einem Tag in meiner Telefonleitung.

Aber nun bin ich froh, den doch oft lästigen Fragen und Angeboten dieser Menschen in den öffentlichen Verkehrsmitteln entkommen zu sein und ordere bei der Bedienung einen Kaffee.

„Darf ich Ihnen ein paar Fragen stellen?“ spricht mich eine nette junge Dame mit einem Notizblock und einem gespitzten Bleistift an.

„Gerne, darf ich Sie zu einem Kaffee oder einem Tee oder zu einem anderen Getränk Ihrer Wahl einladen?"

„Gerne", erwidert die freundliche junge Dame. Sie ist mit einem weißen Kittel bekleidet, wie sie Ärzte tragen und mit ihrem schmalen Brett unter dem Arm, auf dem Papier angeheftet ist, nimmt sie auf dem von mit dargebotenen Stuhl Platz. Den gespitzten Bleistift in der rechten Hand streicht sie mit der Linken das Papier glatt, bereit mir Fragen zu stellen und die Antworten zu notieren.

So, mit dieser Schreibunterlage erinnert sie mich ein wenig an die James Bond Filme, in denen immer zum Ende des Abenteuers genau solche Menschen mit Schreibunterlagen und weißen Kitteln, wichtig und beschäftigt, durch riesige Labors von völlig durchgeknallten, irren Wissenschaftlern laufen. Sie beobachten irgendwelche ominösen Maschinen und Computer und notieren Ergebnisse auf ihr Papier auf der Schreibunterlage. James Bond dringt dann in die Laborfestungen von Dr. No, Goldfinger und wie die Schurken alle heißen, die die Welt beherrschen wollen, ein, um dann in solch einen weißen Kittel zu schlüpfen. Den hat der Agent einem Wissenschaftler vorher recht unsanft mittels eines Schlags über die Rübe abgenommen. Dann spaziert Bond mit eben solcher Schreibunterlage durch das Labor und tut so, als notiere er ebenfalls irgendwelche Messergebnisse. Das fällt natürlich niemandem auf.

„Wenn Sie nicht zuhören, macht das Interview keinen Sinn", mahnt mich die nette junge Dame zur Aufmerksamkeit. Ich entschuldige mich und gelobe Besserung.

„Ein Interview", sagt sie. Was für eine aufregende Vorstellung. Ein richtiges Interview. Wie oft habe ich davon geträumt, einmal Rede und Antwort stehen zu können. Ich war mir allerdings nie sicher, ob ich das packen würde. Ich meine, da sitzt man vor Millionen von Fernsehzuschauern und der Moderator oder die Moderatoren stellen einem Fragen zur eigenen Person. Was würde ich sagen, und was würde ich verschweigen. „Dazu möchte ich in diesem Moment keine Stellung nehmen". Oder: „Ich finde, das Privatleben ist eine reine Privatsache." Oder auch: „Das habe ich alles schon in meinem letzten Buch: *Das Ich bin ich* veröffentlicht" und lasse das Werk von der Moderatorin in die richtige Kamera halten.

„Natürlich schmeckt mir das", antworte ich automatisch ohne zu wissen, worum es geht.

„Sie müssen schon aufmerksamer sein, sonst sind die Untersuchungen nicht zu gebrauchen", bekomme ich einen erneuten Tadel der jungen Frau im weißen Kittel mir gegenüber.

„Hast du eigentlich in der Schule einen Tadel erhalten?" frage ich mich und falle zurück in die Vergangenheit und in die glückliche Schulzeit. So richtig glücklich war ich nicht, muss ich gestehen, und habe den Heinz Rühmann in dem Film „Die Feuerzangenbohle" nie so ganz verstanden, wie er so von der Schule schwärmen konnte. Das soll nicht heißen, dass ich die Schule gehasst habe, nein, nur nicht geliebt. Im Grunde war sie mir nie ganz geheuer. Dieses Klingeln morgens und vormittags und mittags. Das Klingen nach der letzten Stunde war mir das liebste, und ich habe es täglich herbeigesehnt, wie später bei der Arbeit den Feierabend. Habe ich nun einen Tadel bekommen? Ganz ehrlich, ich weiß es nicht mehr. Aber wahrscheinlich ja. Ich war immer ein sehr unaufmerksamer Schüler und habe mich nie ganz auf den Unterricht konzentriert.

„Sechs! Setzen!" dringt an mein Bewusstsein und ich sehe nur schemenhaft, wie sich die Lehrerin, ach nein, es ist ja die nette junge Dame mit der Umfrage, von meinem Tisch fortbewegt und mich mit einem Blick zurücklässt, der mir in der Seele schmerzt. Was habe ich getan?

Sie wollte doch nur meine Meinung zur deutschen Wurst wissen. „Wie wichtig ist für Sie die deutsche Wurst?"

Warum musste ich sie so sehr demütigen und verletzten? Ich bin ein wahres Scheusal. Kann ich es wieder gut machen? Ich versuche mit den Augen den Kontakt wieder aufzunehmen. Vergebens, sie hat mir den Rücken zugewandt und spricht bereits einen anderen Gast im Café an.

Durch meine Unaufmerksamkeit, und fast kann man sagen, Blödheit, entgeht mir der Zipfel feinster Leberwurst und ihre Zuneigung, die, und die Wurst dazu, jetzt dieser Dödie vom

Tisch Nummer 16 bekommt. Wie er sich anbiedert, richtig unangenehm. „Gerne, nehmen Sie Platz. Ach, sie haben aber einen interessanten Beruf, und immer im Kontakt mit Menschen."

Ich mache lange Ohren, um zu verstehen, was sie dem Heini antwortet. Sie sagt, sie studiere und mache diese Umfragen nur nebenbei und zum Geldverdienen. Das arme Ding. Und ich habe sie behandelt wie eine einfache Umfrageperson. Ich bin ein abscheulicher Egoist. Meine Ruhe war mir wichtiger als ihr Studium, wichtiger als das Leben der jungen Frau dort.

Nach fünf Minuten ist alles erledigt. Sie steht auf.

Ich schnipse mit den Fingern, um erneut ihre Aufmerksamkeit zu erregen. Vielleicht kommt sie ja zurück. Aber sie lässt mich abblitzen. Ohne mich eines weiteren Blickes zu würdigen, verlässt sie mit ihrem Koffer voll Wurstproben und ihre Schreibunterlage unter dem Arm geklemmt das Café.

Eines schwöre ich mir: Wenn mich jemals wieder einer in der S- oder U-Bahn anspricht, ich werde aufmerksam sein und alle Fragen beantworten und alle Zeitungen kaufen und jeder Religion beitreten, die mir angeboten wird. Noch einmal will ich solch eine Gelegenheit nicht verstreichen lassen.

Ich zahle und strebe dem Bahnhof Friedrichstraße zu. Es müsste doch mit dem Teufel zugehen, wenn ich dort nicht einen finden könnte, dem ich mein Ohr und meine Aufmerksamkeit leihen oder schenken könnte.

Wohnungsmarkt

Die Luftlöcher in der Vorderseite lassen dünne Streifen Licht in die Wohnung von Herrn Klein. Der Sauerstoff ist ausreichend. An sich lebt Herr Klein nicht schlecht in seinem Schuhkarton der Größe 42. Die Einrichtung ist recht spartanisch und besteht aus einem Bett, einem Schrank, einem Bücherregal, einem Tisch mit zwei Stühlen und einer kleinen Kommode, auf der ein Fernseher steht. Ein Kabelanschluss ist vorhanden. In einer Ecke ist der Hygieneteil mit Waschgelegenheit und Toilette eingebaut. Der zweite Stuhl ist für Gäste. Der einzige „Schönheitsfehler" an der Wohnung des Herrn Klein: Der Schuhkarton gehört nicht ihm. Er steht neben, unten und über vielen anderen in einem Regal. Abends und zur Nachtzeit kann es ganz schön laut werden. Besonders im Karton über Herrn Klein lebt ein Mensch, der bis spät in die Nacht Goethe rezitiert. Faust: „Das lässt sich hören! Doch nur vor *einem* ist mir bang: Die Zeit ist kurz, die Kunst ist lang."

Er ist ein Schauspieler ohne Anstellung. Zur Linken von Herrn Klein versucht sich eine junge Frau an den bildenden Künsten. Meißel auf Stein. Zur Rechten wohnt ein Straßenarbeiter, der sich oft Arbeit mit nach Hause nimmt. Presslufthammer auf Beton.

Verstehen Sie Herrn Klein nicht falsch, er liebt die Künste, besonders das Schauspiel, aber in einem Schuhkarton muss man doch sehr Rücksicht aufeinander nehmen.

Herrn Klein wurde neulich ein Fernsehkarton angeboten. 19 Zoll. Mächtig viel Platz. Und auch die Aussicht am Rande des Regals ist sehr schön. Aber wieder nur zur Miete? Nein,

nein, wenn Herr Klein noch einmal umzieht, dann nur in ein Eigenheim. Eine Nudelverpackung mit Sichtfenster würde dem soliden und ruhigen Herrn schon reichen. Oder diese hübsche Schachtel, die er neulich gesehen hatte. Sie war mit Motiven der Stadt New York bedruckt. Hochhäuser. Times Square und die Freiheitsstatue. Dort sollen die Quadratmeterpreise für Wohnungen allerdings exorbitant hoch sein, hat Herr Klein gehört. Aber dieser Karton hat es Herrn Klein angetan. Zwar nur mit Dusche, nicht mit Badewanne, dafür aber auf einer wunderschönen Palette in der Nähe des großen Tores gelegen. Wenn es sich öffnet, soll man direkt den Himmel sehen können. Und eben was Eigenes. Keine Schauspieler, die bis in die tiefe Nacht Goethe zitieren: „Du bist am Ende – was du bist. Setz dir Perücken auf von Millionen Locken …“

TANTE ELSES LIEBLINGSSPRÜCHE 1

Vorbemerkung

Meiner Tante Else lag immer ein flotter Spruch auf den Lippen. Getreu dem Motto: „Worte, die nicht gesagt werden, können keine Sätze bilden. So bleiben es nur leere Worte.“

Ich habe seit meiner frühsten Jugend diese Aussprüche in meinem kleinen schwarzen Notizbüchlein aufgeschrieben. Immer wenn die Tante bei uns aus Hamburg in Berlin zu Besuch war. Das war nach dem Tod meines Onkels Erich recht häufig.

Wenn ich es mir genau überlege, hätte es ja eigentlich meine Tante sein sollen, die meine Erlebnisse aufschreiben sollte!? Also hat meine Mutter doch recht gehabt, als sie sagte: „Schreib doch nicht diesen Unsinn auf, streng dich lieber mehr in der Schule an!“

Dies war übrigens der Lieblingsspruch meiner Mutter. Ein anderer lautete: „Nimm die Finger aus dem Kochtopf.“

Meine Mutter gab nicht viel auf die geistreichen Ergüsse meiner Tante.

Ich glaube, sie wurde verkannt. Denn wie ein Ausspruch meiner Tante lautete: „Das Genie gilt nichts in der eigenen Familie.“ So nahm keiner in meiner Familie Tante Elses Sprüche ernst.

Woher die Tante diese Sprüche hatte, weiß kein Mensch. Einige stammen sicherlich aus ihrem Munde, andere sind bestimmt nicht auf ihrem Mist gewachsen.

Falls das ein- oder andere aufgeschriebene einem lebenden oder toten Autor bekannt vorkommt und er oder sie meint, dass es aus der eigenen Feder stammt, könnte dies durchaus zutreffen. Tantiemen gibt es trotzdem nicht!

Tante Else war die Schwester meiner Großmutter. Also eigentlich eine Großtante. Aber für mich war sie einfach Tante Else. Es gibt einige Geschichten über Tante Else zu erzählen und ich selber kann einige dazu beisteuern. An andere Stelle ist dies schon geschehen und Tante Else wird auch noch weiterhin mein literarisches Schaffen beeinflussen.

Aber diese Zeilen sollen ganz ihrem Streben nach Gehör Rechnung tragen.

Ich habe mir erlaubt, ein wenig Ordnung in Tante Elses Werk zu bringen und die Aussprüche in kleine Themenfelder einzubetten.

Sprüche 1 – 30

Über die Küche, die Liebe im Allgemeinen und die, die durch den Magen von Onkel Erich ging. Den Haushalt. Affen die es nie gegeben hat. Gebäck. Zu viele Köche. Noch mehr Gebäck. Gänse, Politiker und den Ernst des Lebens.

1. „Damit hinten etwas rauskommt, muss vorne erst einmal etwas rein."
(Dies sagt nichts über die Kochkünste meiner Tante aus!)

2. „Man lernt nicht für die Schule, man lernt auch nicht für die Lehrer. Man lernt für den Direktor!"
(Tante Elses Onkel war Direktor an ihrer Schule in Hamburg–Bergedorf.)

3. „Ohne Sahne schmeckt die beste Torte nicht."
(Tante Else hatte einige Pfunde Übergewicht.)

4. „Viele Köche verschmutzen nur die Küche!"
(Einer von Tante Elses Albträumen: Alle Fernsehköche des damaligen Programms drangen gemeinsam des Nachts, während Tante Else schlief, in ihre Küche ein und stellten die Bude auf den Kopf. Dann kam die Tante im Nachthemd und

Pantoffeln und ging mit dem Nudelholz dazwischen, dass die Schädel nur so krachten. Als alles vorbei war, setzte sie sich vor die Glotze und sah sich eine Kochsendung an. Dabei schlief sie wieder ein.)

5. „Wenn ich noch mal zwanzig wäre!“
(Das war sie nie. Tante Else war schon immer Tante Else.)

6. „Manchmal sind die Worte großer Männer größer als diese selber!“
(Wie wahr! Übrigens auch einer meiner Lieblingssprüche!)

7. „Besser der Stein landet im Wasser und verursacht Kreise, als dass er auf meinem Kopf eine Beule hinterlässt.“
(Eigentlich ganz logisch.)

8. „Ein Hustenreiz macht noch keine Erkältung.“
(Alte Hausweisheit, die Tante Else von ihrer Ur-Großmutter gelernt hatte. Ansonsten wusste die Tante viel von Dingen, mit denen man nicht nur eine Erkältung kuriert. Gegen Blasenschwäche, Haarausfall und Wurmbefall wurden spezielle Salben mit geheimen Zutaten angerührt. Auch gegen das politische Fieber, das Onkel Erich von Zeit zu Zeit, besonders vor anstehenden Wahlen befiel, hatte Tante Else eine heilende Tinktur. Dass der Hauptbestandteil dieser Mixtur Alkohol war, wusste auch der Onkel. Umso heftiger erhitzte sich Onkel Erich über die damaligen Politiker. Die Salbe, die eigentlich dem Haarausfall ein Ende bereiten sollte, löste bei mir auch einen zeitlich begrenzten Fleckenbefall im Gesicht aus. Dies war für eine Schulbefreiung an Tagen mit Schreiben von Klassenarbeiten von unschätzbarem Wert. Natürlich wusste Tante Else nichts von dieser prima Nebenwirkung ihres Rezepts.)

9. „Ein Wurm im Apfel bedeutet noch lange keinen kalten Winter.“
(Noch eine alte Hausweisheit. Ich weiß allerdings nicht, ob sie stimmt.)

10. „Wer die Gans nicht rechtzeitig in den Ofen schiebt, wird den Unmut der Gäste am zweiten Tag des Weihnachtsfestes zu spüren bekommen.“
(Dieser Ausspruch ist hundertprozentig wahr. Selber gehört. Onkel Waldemar aus der Zone, der Bruder von Onkel Erich, konnte ein ganz schönes Ekel sein, wenn er als Rentner zu Gast in der BRD war und nicht pünktlich gegessen wurde. In der Partei und bei der Stasi war er nicht. Hat Onkel Waldemar behauptet. Das war 1968.)

11. „Nicht jeder, der ein Prinz ist, wird auch ein König!“
(Ausgesprochen von Tante Else am Absperrgitter auf dem Kurfürstendamm in der Reihe der Zaungäste anlässlich des Berlin Besuchs der Königin von England Nummer 2 im Jahr 1965.

Die Tante kam extra aus Hamburg angereist und logierte einige Tage bei uns zu Hause.

Tante Elsa sah das außergewöhnlich lange Leben dieser Königin voraus und bedauerte den Kronprinzen Charles wegen seines wahrscheinlich nicht erreichbaren Amtes. Und damals wusste noch kein Mensch von einer Prinzessin Diana und deren Söhnen. Deren Namen sind mir gerade entfallen. Aber wenn einer von diesen Prinzen König wird, wird sich Tante Elses Ahnung endlich erfüllen. So oder so.)

12. „Wenn man immer nur Unsinn redet, muss man sich nicht wundern, wenn der Hase nicht in die Richtung läuft, die man sich wünscht.“
(Ich glaube das ist ein Ausspruch von Onkel Waldemar. Er war Jäger und hat mit dem Politbüro öfters in der Schorfheide in Brandenburg gejagt. Sagte Onkel Waldemar. Aber in der Partei war er nicht. Später, nach der Wende, soll er einmal im Kreise von einigen DDR-Dissidenten behauptet haben, er habe in der Schorfheide das Politbüro gejagt. Aber das war sicherlich nur ein Versprecher.)

13. „Du brichst am Ende was du isst!“
(Wohl eine Abänderung von Goethes: „Du bist am Ende –

was du bist.“ Faust, erster Teil. Auch eine Warnung vor zuviel Schokoladenpudding und Bier.)

14. „Die Politiker sind alle Verbrecher!“
(Höchstwahrscheinlich wieder ein Zitat, diesmal nach dem beliebten Schlager: „Die Männer sind alle Verbrecher“, Text: Rudolf Bernauer und Rudolph Schanzer, aus der Operette „Wie einst im Mai“, Musik: Walter Kollo. Es könnte in beiden Varianten ein Körnchen Wahrheit liegen.)

15. „Da laust mich doch der Affe!“
(Ein gutes Beispiel, dass man auf Tante Elses Sprüche nicht viel geben sollte. Sie hatte nämlich nie einen Affen. Und das Onkel Erich gemeint war … Aua!)

16. „Hopsassa und trallala“
(Ohne Worte.)

17. „Schneidig ist immer noch besser als Stumpf.“
(Auch kein Kommentar.)

18. „Wenn der Glaser kommt, hat einer was verbrochen.“
(Nun ja, das muss eine von Tante Elses schwächeren Schaffensperioden gewesen sein. Es hängt sicherlich mit dem Einbruch in der Husumer Straße in Klusum-Appeldorf am 23.07.1965 in das Haus von Frau Schneider zusammen. Bei diesem Bruch wurden zwei abscheulich aussehende, identische Porzellandackel gestohlen. Die waren aber nichts wert. Hat Tante Else gewusst. Frau Schneider war eine Schulfreundin der Mutter ihres Patenkindes Monika.)

19. „Viel Freund, viel Schnaps, viel Freude!“
(Die Feste im Hause meiner Familie waren berühmt bis berüchtigt. Siehe Spruch 16.)

20. „Das kann nie schaden!“
(Wurde von der Tante für alles Mögliche benutzt. Meist bei Dingen, die mir widerwärtig waren, wie z.B. Lebertran

schlucken, Kerzenhalter aus Walnüssen basteln, nett zu Großtante Waltraut sein und Schulbesuch.)

21. „Wenn die Liebe nicht zu dir kommt, dann gehe ihr (der Liebe) entgegen."
(Nur, aus welcher Richtung die Liebe kommen sollte, wusste Tante Else nicht. Für einen damals pickligen Vierzehnjährigen eine etwas vage Richtungsangabe.)

22. „Auch ein blinder Hund hat eine kalte, feuchte Nase."
(Was es dem Hund nützen sollte, hat sich mir nie erschlossen. Vielleicht …, ach nein.)

23. „Wenn ich könnte, wie ich wollte!"
(Zum Glück für den städtischen Nahverkehr in Hamburg, konnte Tante Else nicht, wie sie wollte.)

24. „Ein Mann packt man am besten an den …!"
(Kurz vor Ende dieses Spruchs wurde ich immer aus dem Zimmer geschickt. Deshalb hier nur das unvollendete Fragment. Mach sich jeder selber seinen Reim.)

25. „Wenn man einen Mann glücklich machen will …"
(Auch vor Vollendung dieses Zitats wurde ich von meinen Eltern stets des Zimmers verwiesen. Aber da Onkel Erich sich eine Stunde später, nach dem Mittagessen, mit lächelndem Gesicht zu seinem Nachmittagsschläfchen zurückzog, wird es sich wohl um den Spruch von der sprichwörtlichen Liebe die durch den Magen geht, gehandelt haben.)

26. „Lass Sonne in dein Herz."
(Tante Elses Motto, und wohl auch heimliches Gebet, vor dem jährlichen Urlaub in den Bergen Österreichs. Eine Hoffnung und Bitte, die nicht immer erfüllt wurde. Aus diesem Grund wurde jedes Jahr, vor dem Antritt der Reise, ein neuer Regenschirm angeschafft. Sorry, liebe Österreicher, aber diese Erfahrung habe ich aus eigener vierzehntägiger Betrachtung durch ein Fenster auf eine Berglandschaft gemacht, von der

ich mir, bis heute, nicht sicher bin, dass es sie wirklich gegeben hat. Dafür weiß ich, wie viele Astlöcher es in der Holztäfelung einer Frühstücksstube in einer bestimmten Pension in den Bergen des erwähnten Alpenlandes gibt. Aber guten Wein können sie da machen. Prost, auf Tante Else!)

27. „Wunder gibt es nur, wenn man nicht vergisst den Lottoschein abzugeben."
(Das geht ganz klar auf Onkel Erich. Wochenlang hing der Haussegen bei meiner Tante und meinem Onkel schief. Und mir ist ganz klar ein neues Fahrrad entgangen.)

28. „Wer nicht rechtzeitig vorsorgt, hat kein Bier im Haus."
(Und auch dieser Spruch ist auf meinen Onkel gemünzt. Aber das hatte er sich ganz alleine zuzuschreiben. Für den Getränkeeinkauf war mein Onkel verantwortlich. Und auch ich musste darunter leiden, weil es keine „Florida Boy" bei diesem Besuchswochenende gab. Das war mit das Schlimmste, was mir in meiner Jugend passierte. Außer meiner ersten Begegnung mit dem anderen Geschlecht. Da hatte Tante Else auch einen Rat auf Lager. Siehe Spruch 21.)

29. „Wie man sich bettet, so träumt man."
(Eines der liebsten Hobbys meiner Tante war die „Traumdeutung". Man glaubt gar nicht, was meine Familie für ein psychologisch verkorkster Haufen von Individuen ist. Geht es nach den Träumen, die Tante Else mittels ihres Buches „Traumdeutung leicht gemacht" diagnostiziert hat, gehören wir alle in die Klapsmühle. Geschlossene Abteilung. Und nicht nur wir. Tante Else hat sogar einmal dem damaligen Bundeskanzler Willy Brandt geschrieben und ihn um ein Traumerlebnis gebeten. Eine Antwort kam aber nur von einem Referenten Brandts, in dem er sich für die Unterstützung des Bundeskanzlers bedankte. Dabei hat Tante Else immer nur CDU gewählt. Zwei Freikarten für die Bundesgartenschau 1973 in Hamburg lagen auch noch bei. Ich glaube, seit diesem Brief an den Bundeskanzler und dem Antwortschreiben des bekannten Referenten kam Tante Else ins Visier des Bundes-

nachrichtendienstes. Seit diesem Briefwechsel fühle auch ich mich manchmal von unbestimmter Seite beobachtet.)

30. „Man lebt nur solange, bis man tot ist.“
(Ein wahrhaft philosophischer Spruch und ein gutes Ende für die ersten dreißig Sprüche meiner Tante Else.)

WEITERE GESCHICHTEN AUS DEM NÄHKÄSTCHEN

4. Das Erdbeben

Ein ungeheures Rumpeln erschütterte das Nähkästchen. So stark waren die Erschütterungen, dass die Stecknadeln mit den bunten Köpfen durcheinander purzelten und schließlich einige von ihnen aus ihrer kleinen Plastikkiste fielen und in dem mit einem Rosenmuster verzierten Kästchen für die Knöpfe landeten.

„Aua, aua!", rief der Hornknopf, weil er von der Nadel mit dem roten Kopf in seinen Allerwertesten gestochen wurde. Auch der Silberknopf mit dem Adlermotiv beschwerte sich über die ungebeten Gäste: „Habt ihr diese Unruhe zu verantworten?"

„Nein", schüttelte eine andere Nadel ihren gelben Kopf, „wir sind wie immer unschuldig!"

Diese prompte Antwort kam dem Silberknopf verdächtig vor. Misstrauisch war er schon von Berufswegen. Er stammte nämlich von einer Polizeiuniform. „Hier ist erst einmal jeder verdächtig und schon gar, wer so auffällig bunte Köpfe hat."

„Sie sind doch gar nicht mehr im Dienst, Herr Silberadler", lugte eine ziemlich neue Nähgarnrolle über den Rand der Knopfkiste. „Sie sind doch pensioniert."

„Was, woher weißt du das? Wer hat dir das gesagt?" räusperte sich der Silberknopf. Es war ihm unangenehm, dass seine Außerdienststellung anscheinend sich jetzt schon beim Nähgarn herum gesprochen hatte. Nun würde es bald das ganze Nähkästchen wissen. Nähgarn tratscht nämlich gerne. Dann war seine Autorität zum Teufel. Jeder gewöhnliche Druckknopf würde ihm auf der Nase herumtanzen.

„Sie sind in Rente?“ fragte auch gleich der Hornknopf nach und konnte ein feistes Grinsen nicht unterdrücken. War er doch vor einem halben Jahr in den Ruhestand gelegt worden. Nach fast fünfundzwanzig Jahren treuer Dienste an der Jacke eines Försters. „Er war ein Oberförster“, hatte damals der Knopf auf die abschätzige Bemerkung des silbernen Knopfes reagiert, man habe ihn zum alten Eisen gelegt, und sein Leben sei jetzt vorbei. Er würde bald in der Mülltonne enden. Wer bräuchte denn noch einen Hornknopf. Einen in Rente noch dazu?

„Jetzt gehören Sie selber in den Müll. Was soll man denn mit einem Silberknopf? Einen in Rente noch dazu?“

„Und ich bin nicht in Rente, ich bin in Pension. Schließlich war mein Besitzer ein Beamter. Ein Hauptkommissar. Dass Sie es nur wissen.“

„Streiten Sie sich doch nicht!“ rief von oben die Schere herunter. „Wir haben ganz andere Probleme!“

Und damit hatte die Schere Recht. Es sah wüst aus in dem Nähkästchen. Alles war durcheinander gefallen. Die sonst so aufgeräumten einzelnen Schubladen waren „in schlimmster Unordnung“, wie die Schere bemerkte. Sie war es, die peinlich über Sauberkeit und Ordnung in allen Abteilungen wachte. „Es ist schon schwer genug, in der Knopfkiste auf Disziplin zu achten, und nun sehen Sie sich dieses Chaos an!“, sprach sie zu der rechten Stricknadel. Die Schneiderschere war der Verzweiflung nahe.

„Wir können sehr wohl auf unsere eigene Ordnung achten“, hielt der silberne Knopf mit dem Adlermotiv gekränkt gegen. „Ich bin, ich war schließlich der Knopf eines Beamten!“

„Was ist denn geschehen?“ befreite sich eine von den Stricknadeln. Ihre eigene Wolle, die sie mit ihrer Schwester gerade strickte, war bei der Erschütterung auf sie gefallen.

„Ein Erdbeben hat uns getroffen!“

„Ein Erdbeben?“ riefen bald alle Bewohner des Nähkästchens wie aus einem Munde.

„Irgendetwas ähnliches“, relativierte das Maßband. Es wohnte, wie die Schere, in der obersten Schublade des Nähkästchens und konnte daher gut verfolgen, was außerhalb ihrer Welt vor sich ging. Es rollte sich etwas ab und konnte so über den Rang des Kästchens sehen. „Wir wurden transportiert. Von unserem Platz am Fenster auf die Kommode aus Eichenholz.“

„Transportiert?!“ rief es wieder aus vielen Kehlen aus den Tiefen des Nähkästchens herauf. „Auf die Kommode aus Eichenholz?!“

Sogar die alten Jeansflicken, die ganz unten wohnten, wohin kaum ein Lichtstrahl reichte, konnten ihre Besorgnis nicht verbergen. „Wer rettet uns denn, wenn es mit unserer Welt zu Ende geht?“

„Es geht nicht zu Ende“, beruhigte die rechte Stecknadel. Sie hatte die Wolle von sich gewälzt. Ihre Schwester schwieg wie immer zu allem. Die beiden Charaktere der Stricknadeln hätten unterschiedlicher nicht sein können.

Das schwarze Nähgarn meldete sich. Seine Stimme klang erregt: „Ich habe so etwas schon einmal erlebt. Da war ich zu Besuch in einer Küchenschublade. Ich wurde an die Küche ausgeliehen, weil man Faden brauchte für Fleischrouladen. Damals gab es noch nicht diese modernen Halter, mit denen man das Fleisch zusammenhält.“

„Igitt“, ekelte sich der Fingerhut. „So eine Schweinerei! Ich hoffe, Sie haben sich gründlich gereinigt, bevor Sie zurück in unser Nähkästchen kamen!?“

„Sie sind ein Holzkopf, Herr Fingerhut“, zeigte der alte Silberknopf dem Nähwerkzeug einen Vogel. „Es wird doch immer bloß ein kleiner Teil vom Nähgarn für solche Arbeit genommen. Und danach kommen die gebrauchten Fäden in den Müll.“

„Und außerdem ist es schon viele Jahre her, da waren Sie noch gar nicht bei uns. Überhaupt, muss ich Ihnen mal sagen, Herr Fingerhut, dass Sie sich keine Freunde machen mit solchen Bemerkungen“, verteidigte sich das Nähgarn. „Sie sind zu oft mit der Nähnadel zusammen.“

„Was wollen Sie denn schon wieder von mir?“ regte sich jetzt die Nähnadel auf. Dabei wusste sie ganz genau, dass sie schon des Öfteren ihre Klappe aufgerissen hatte und sich immer in alles einmischte. Nur diesmal war sie unschuldig.

Wieder griff die rechte Nähnadel ein und sorgte für Ruhe. „Lassen wir das Nähgarn seine Geschichte zu Ende erzählen!“

„Ja, es war also in dieser Küchenschublade, und ich wurde zum Besteck gelegt. Man wollte mich wohl später in das Nähkästchen zurücklegen. Nun hatte man mich vergessen. Es vergingen also einige Wochen, die ich mit den Messern, Gabeln, Löffeln und den anderen verbrachte. Ich muss sagen, es ist eine sehr angenehme Gesellschaft. Wir unterhielten uns wirklich auf einem hohen Niveau.“

Ein lautes Gähnen unterbrach den Vortrag des Nähgarns. Die Nähnadel tat, als ob sie gleich vor Langeweile einschlafen würde. Der Fingerhut lachte vor Genugtuung.

„Nun stören Sie doch nicht immer“, beschwerte sich das schwarze Nähgarn. „Die Geschichte ist ja gleich zu Ende.“

„Hoffentlich“, provozierte die Nähnadel und legte ihre Hand an den Mund. Der Fingerhut kicherte übertrieben.

„Eines Tages gab es ein ähnliches Erdbeben, wie wir es heute erlebt haben. Die ganze Besteckschublade rüttelte und schüttelte und wurde dann aus dem Küchenschrank gezogen. Das Besteck wurde auf einem Tisch ausgeschüttelt und stürzte wild durcheinander. Es war fürchterlich. Löffel fiel auf Messer und Gabel auf Teelöffel und Kuchengabel. Keiner wusste, wie ihm geschah. Ich mitten unter ihnen. Wir wussten nicht, wie es weitergehen sollte.“

Im Nähkästchen wurde es ganz still. Selbst die Druckknöpfe hatten aufgehört, dazwischenzuplappern.

„Was ist weiter geschehen?“ wollte die Schere wissen. Sie lehnte sich fast zu weit vor und wäre um ein Haar nach unten gestürzt.

„Wir wurden aussortiert. Mich legte man als erstes auf die Seite. So konnte ich das Schicksal der anderen verfolgen. Die meisten warf man in eine alte Schachtel. Ich glaube, es war ein Schuhkarton. Nur einige scharfe Messer, ein Kartoffelschäler und einen alten Silberlöffel legte man zu einem kleinen Haufen zusammen.“

„Weiter, weiter“, riefen einige Stecknadeln und auch der Fingerhut konnte seine Spannung nicht mehr verheimlichen: „Erzählen Sie schon, was ist dann passiert?“

Die leere Schublade wurde noch in derselben Stunde zertreten. So wie der ganze alte Küchenschrank. Und kurz danach bauten fremde Männer eine neue, moderne Küchenzeile auf. In Blau mit glänzenden Metallteilen und einem eingebauten Kühlschrank und einer Mikrowelle. Sogar eine elektrische Brotschneidemaschine, ganz aus Chrom, wurde angeschlossen. Ich kann euch sagen, dem Brotmesser stand der Schrecken ins Gesicht geschrieben."

„Und was geschah mit dem anderen Besteck? Mit den Löffeln und Gabeln? Ich befürchte Schlimmes." Ein kleiner Knopf mit nur zwei Löchern hatte sich aus der Kiste mit dem Rosenmuster herausgelehnt.

„Ja, das ist wahrlich kein schönes Ende", ließ sich die schwarze Nähgarnrolle vernehmen, „denn als die neue Küche aufgebaut war, packte die Frau des Hauses auch Pakete und Packungen mit neuem Geschirr, Töpfen, Pfannen, Tellern, Tassen und eine flache Kiste aus, in dem schönes, neues und glänzendes Besteck lag. Und das alte, abgenutzte, nun nicht mehr benötigte Esswerkzeug wurde mit anderem alten Hausrat in einen blauen Sack aus Plastik gesteckt und aus dem Haus getragen. Es ist sicherlich auf dem Müll gelandet."

„Ohh, wie schrecklich", stieß die Stecknadel mit dem roten Kopf hervor. Eine Gruppe von Druckknöpfen verzog sich ängstlich in die hinterste Ecke ihrer Kiste. Auch dem Silberknopf war ganz mulmig zumute.

„Kann uns auch so etwas passieren?" fragte der Hornknopf, und ein Perlmuttknopf, der sich von einem Abendkleid gelöst hatte und erst vor zwei Tagen zu den anderen gestoßen war, schloss sich der Frage durch ein fragendes Gesicht an. Er verbrachte hier die Zeit, bis er wieder an seinen Platz zurück durfte.

„Wir brauchen uns keine Sorgen zu machen. So ein Nähkästchen wie unseres wird nicht so einfach ersetzt. Wir sind ein Erbstück. Generationen von Nadeln, Scheren und Knöpfen hat es schon eine sichere und ruhige Heimstatt gegeben. Und wenn für jeden Einzelnen die Zeit kommt, muss er wie alle anderen Wesen diese Welt verlassen. Wenn eine Nadel verbogen ist, eine Schere sich nicht mehr schleifen lässt oder eine

Stricknadel, wie ich, zerbricht, dann kommt die Zeit, abzutreten."

In diesem Augenblick gab es ein erneutes Erdbeben und die Bewohner des Nähkästchens wurden gehörig durchgerüttelt.

Dann war alles still.

„Wir sind wieder an unserem Platz!" rief das Maßband mit einem Freudenschrei zu den anderen herunter. „Ich kann wieder aus dem Fenster sehen und den Baum erkennen und das Feld mit den goldenen Ähren und die Kirchturmspitze über den Dächern des Dorfes."

Die Schere stimmte in die frohe Botschaft ein: „Wir sind gerettet, wir sind wieder zu Hause!"

Jetzt jubelten alle im Nähkästchen, und der Streit zwischen dem Fingerhut und dem schwarzen Nähgarn war vergessen.

„Man hat geputzt. Die Frau des Hauses hat unser Fensterbrett gewischt. Es riecht ganz frisch", hatte die rechte Stricknadel ihrer Großnichte, der Stecknadel mit dem roten Kopf, erklärt. „So etwas kommt ab und zu vor, und es gibt keinen Grund für Besorgnis."

„Ja, aber wenn …" wollte die Stecknadel noch eine Frage stellen, aber die Stricknadel wurde mit ihrer Schwester aus dem Nähkästchen gehoben. „Ich muss jetzt arbeiten, rief sie, „wenn ich wiederkomme, erzähle ich dir die Geschichte von …"

Die letzten Worte konnte die Stecknadel nicht mehr verstehen. Sie stieg hinab zu ihren Schwestern und alle freuten sich auf die nächste Geschichte.

5. Gefährliche Liebschaft

Ich bin ja so schockiert", klapperte die Schere aufgeregt. Die Stricknadel hatte ihre Freundin, die Schere, wohl noch nie so erlebt. „Ich bin ganz aus dem Konzept gebracht."

Auf welches Konzept die Schere anspielte, wollte die Stricknadel gar nicht wissen. Die „Konzepte" der Schere bedeuteten immer viel Aufruhr im Nähkästchen. Aber dieses Mal schien die Schere doch sehr beunruhigt.

„Was ist denn geschehen?"

„Ich kann gar nicht darüber reden", stützte sich die Schere an der Außenwand des Nähkästchens ab. Sie brauchte Halt. Dass die Schere über etwas nicht reden konnte, machte die Stricknadel dann doch hellhörig. War das Schneidewerkzeug doch sonst sehr freigiebig mit ihren Informationen, besonders, wenn es sich um Geschichten von anderen Bewohnern des Nähkästchens handelte. Eine Klatschtante war sie nicht. Dafür war der Fingerhut bekannt. Und genau von diesem hatte die Schere auch die allerneuste Neuigkeit, den brandheißesten Klatsch, das wohl Unerhörteste im Nähkästchen, seit sich im letzten Herbst ein frecher Druckknopf erlaubt hatte, sich zur Wahl des Vorsitzenden des Kurzwarenbeirates des Nähkästchens zu stellen. Obwohl es ein ungeschriebenes Gesetz im Nähkästchen gab, das besagte, dass nur langjährige Bewohner sich in diesem Beirat befinden sollten. Und dieser rotzfreche Druckknopf, wie ihn der Stopfpilz bezeichnete, war gerade mal vor einer Woche im Kästchen angekommen. Er war mit seinen Kollegen noch in Plastik eingeschweißt.

„Das geht ja gar nicht", lehnte es die alte, braune Nähgarnrolle damals ab, sich unter diesen Umständen überhaupt an der Abstimmung zu beteiligen. Dass ihr der unmögliche Druckkopf vorwarf, nur deshalb solange im Nähkästchen zu sein, weil ihre Farbe scheußlich und ihr Garn nicht sehr stabil war, kränkte nicht nur die alte Nähgarnrolle aufs tiefste. Aber das ungeschriebene Gesetz des Nähkästchens besagte, dass jeder das Recht hat, sich ungeachtet seiner Herkunft und seines Alters in den Kurzwarenbeirat wählen zu lassen. So war es dann sogar zu einer Kampfabstimmung zwischen dem Druckknopf und der Nähnadel gekommen. Um ein Haar hätte der Druckknopf die geheime Wahl gewonnen, da es eine ganze Menge Knöpfe gab, die seine Kandidatur unterstützten. Offen bekannten sich natürlich nur wenige. Doch eine Stunde vor dem Wahlakt wurde der Druckknopf aus dem Nähkästchen genommen und lebte fortan als Halterung an einem Kopfkissen. Dieser Sieg der Nähnadel war kein triumphaler, aber der Frieden kehrte wieder in die Heimat der Kurzwaren zurück.

Und nun war eben diese Nähnadel der Grund für die Aufregung der Schere.

„Sie hat eine Affäre."

„Was?" traten die Augen aus dem Kopf der Stricknadel hervor. „Mit wem?" folgte die tonlose Frage.

Die Schere schwankte zwischen einem Mitteilungsbedürfnis, das im Interesse aller Bewohner des Nähkästchens war, und dem privaten Gefühl, dass eine Liebe, auch eine nicht den moralischen Ansprüchen genügende, zu respektieren sei. Die Nähnadel war nämlich schon seit einigen Jahren mit dem Manschettenknopf mit dem goldenen Adler auf seiner Oberfläche verlobt und ihm versprochen. Dieser war Fraktionsvorsitzender der Konservativen im Nähkästchenparlament.

„Aber ich dachte, die Nähnadel wäre mit dem Manschettenknopf …"

„Ja, ja, das ist es ja, was die Sache so pikant macht", unterbrach die Schere die Stricknadel. „Wenn das herauskommt, gibt es einen Skandal erster Güte."

„Aber der Fingerhut, wird er nicht …"

„Ich habe ihm klargemacht, was solch eine Angelegenheit für Unannehmlichkeiten für das ganze Nähkästchen bedeuten würde. Ich habe ihm von einem ähnlichen Fall in einem anderen Nähkästchen erzählt, in dem ich einige Jahre tätig war. Dort war es eine Stecknadel, die von einem Maßband verführt wurde. Die Sache eskalierte, und die Götter fanden, dass das Nähkästchen für sie gar nicht mehr von Bedeutung war.“

Die Stricknadel legte die Hände vor ihr Gesicht, als könne sie das schlimme Ende des anderen Nähkästchens sehen.

„Ja, das Kästchen wurde aufgelöst und in der Garage dieser Götter zu einem Krimskramskasten umfunktioniert. Ich hatte noch Glück, hier eine neue Heimstatt gefunden zu haben. Anderen ist es weniger gut ergangen. Die meisten landeten auf dem Müll. Tja, wenn immer weniger genäht wird“, nickte die Schere bedauernd. „So ist das Leben. Deshalb müssen wir dafür sorgen, dass es bei uns im Nähkästchen immer sauber und ordentlich zugeht.“

Insgeheim fand die Stricknadel, dass die Schere, die ebenfalls den Konservativen angehörte, diese Sache zu sehr für ihre Zwecke instrumentalisierte. Aber sie sagte nichts dazu, denn schließlich konnte es ja wirklich um die Zukunft des Nähkästchens gehen.

„Um mit wem hat die Nähnadel eine“, die Stricknadel wollte das Wort gar nicht aussprechen, „Affäre?“

„Es ist das rote Wollknäuel, das vor einigen Monaten zu uns gekommen ist.“

„Nein!“

„Doch!“

„Unglaublich!“

„Nicht wahr, nun verstehen Sie meine Aufregung.“

„Es ist empörend“, empörte sich die Stricknadel.

„Alpakawolle.“

Die Stricknadel schlug plötzlich die vorher herunter geschlagenen Lider auf, und die Schere konnte eine kleine Spur von Erinnerung in den Augen des Strickwerkzeuges erkennen.

„Sie mögen wohl Alpaka?“

Die Stricknadel musste genau aufpassen, was sie als nächstes sagen würde. Die Schere schien nur auf ein ganz bestimmtes Zeichen zu warten. Und natürlich lag das Schneidwerkzeug ganz richtig mit seiner Vermutung. Hatte die Stricknadel tatsächlich einmal ein tête-à-tête mit einem Knäuel Alpakawolle. Das war vor einigen Jahren. Genau wie die rote Edelwolle vor einigen Monaten, kam vor Jahren eine blaue Alpakawolle zu ihnen in das Nähkästchen, und die Stricknadel und ihre Zwillingsschwester sollten sich um die Wolle kümmern. Die beiden Schwestern waren noch jung. Eine leidenschaftliche Beziehung entspann sich zwischen den Stricknadeln und der Alpakawolle. Diese Liebschaft wurde aber vor den Bewohnern des Nähkästchens geheimgehalten. Die Zeit des zärtlichen Beisammenseins über waren die Wolle und die Stricknadeln nicht im Kästchen, sondern lebten auf der Wohnzimmercouch der Götter. Das Resultat war ein feiner, anschmiegsamer Schal.

„Alpakawolle hat einen ähnlichen Tragekomfort wie Kaschmirwolle. Sehr fein, und bei der gleichen Feinheit fühlt sich die Alpakawolle sogar noch weicher an. Noch weicher als Merinowolle“, wich die Stricknadel der direkten Frage der Schere nach einem Verhältnis aus und erklärte den Vorzug von Alpakawolle. „Alpaka-Wolle wird als *Vlies der Götter* bezeichnet und ist eines der wohl hochwertigsten Naturprodukte. Das Material kratzt nicht und hält trotzdem schön warm.“

Die Schere, als ahnte sie, was zwischen ihrer Freundin und deren Zwilling und dem Knäuel vorgefallen war, lenkte das Gespräch wieder auf die Nähnadel zurück: „Verstehen Sie mich nicht falsch, ich will nicht als prüde erscheinen, aber ist es nicht gefährlich, wenn eine Nähnadel mit Alpakawolle ein Verhältnis anfängt? Eine gefährliche Liebschaft. Die spitze Nadel, entschuldigen Sie, aber die Verletzungsgefahr für das Alpakaknäuel ist doch bestimmt sehr hoch.“

Die Stricknadel lächelte. War sie doch von den mitfühlenden Gedanken ihrer Freundin berührt und sprach nun von sich aus sehr offen: „Meine Liebe, natürlich ist eine stumpfe Stricknadel beim Liebesspiel weniger gehemmt als eine spitze Nadel, aber wenn die Liebe einen Grad von hoher Zuneigung erreicht hat, kann auch die Vereinigung solch zweier unterschiedlicher Partner einer wirklichen Lust nicht im Wege stehen.“

„Und einer vollkommenen Befriedigung“, ergänzte die Schere verständnisvoll, und ein wenig wurde sie unter ihrer metallischen Legierung rot. Schließlich war sie ja auch einmal jung gewesen. Und da hatte es einen charmanten, weißen Bindfaden gegeben.

„Ja, wir sollten den Liebenden ihr Glück lassen“, zog die Stricknadel den Vorhang vor diese Geschichte aus dem Nähkästchen und beendete die Episode mit einer Verneigung vor der Liebe und dem Glück.

6. Der Sinn des Lebens

Warum hat sie das gemacht?“ Das Gummiband war völlig außer sich. Tränen liefen ihr über die weiße Stretchhaut. „Ich habe ihr noch gesagt: Bitte tu es nicht! Aber ich konnte nicht …“

„Mach dir keine Vorwürfe“, versuchte das Maßband seine Cousine zu trösten. Natürlich wusste das erfahrene Maßband, dass es kein dummer Einfall gewesen war, dass sich die Häkelnadel vom Rand des Nähkästchens mit einem Stück vom Gummiband um ihren Haken in die Tiefe fallen ließ.

Auch die Schere hatte es verstanden. Es war kein übermütiger Spaß gewesen, wie die Häkelnadel später behauptet hatte. Sie wollte dem Gummiband einen alten Trick vorführen, den sie in ihrer Jugend vollführt und mit dem sie die anderen Bewohner des Nähkästchens unterhalten hatte. Dazu borgte sie sich ein Stück vom Stretchband aus und legte es sich um ihren Haken.

„Ich zeige dir jetzt mal den wohl tollkühnsten Trick, den das Nähzeug je gesehen hat!“ rief sie dem Gummiband zu.

„Dabei hat sie so komisch geguckt“, erinnerte sich das Gummiband an den seltsamen Blick, mit dem sich die Häkelnadel auf die oberste Kante des Nähkästchens gestellt hatte und hinunter in die Tiefe sah.

Dann ist sie gesprungen.

„Den Schrei vergesse ich mein Lebtag nicht. Selbst wenn ich in Stücken verteilt in Strumpfhosen und Röcken durch die weite Welt ziehe“, schüttelte sich das Gummiband.

„Na ja, wir wollen doch die Kirche im Dorf lassen“, wischte der Fingerhut die Aussage des Gummibandes beiseite. Mehr ärgerte ihn die angeberische Bemerkung des Bandes über seine Zukunftsaussichten, als den Schauer des Schreies, der ihm selber in jenem Moment über den Rücken gelaufen war. „So ein dummes Ding, hat sich wahrscheinlich eine ordentliche Beule in seine Figur gestoßen, bei dem Aufprall."

Die Nadel war vom Nähkästchen herunter gesprungen und auf dem Fensterbrett, auf dem das Nähkästchen stand, aufgeschlagen und dann, durch den Aufprall noch einmal hochgeschleudert, hinunter auf den Holzfußboden am Ende des Universums gefallen. Einer der guten Götter hatte das Nähwerkzeug entdeckt und es zurück in den heimischen Kasten gelegt.

Einige Stecknadeln mit bunten Köpfen, ein Sortiment verschiedener Farben von Nähseide, die gerade von einem Einsatz an der Nähmaschine zurückgekommen waren, und die Zackenschere, die die Nähseide begleitet hatte, versammelten sich um das Gummiband, das Maßband und den Fingerhut.

„Ist ihr schlecht?", fühlte eine Stecknadel mit einem roten Kopf mit dem Band, und die Zackenschere wusste, dass man dem Gummiband vor kurzem ein Stück mit einer stumpfen Schere, die aus der Küchenwelt stammte, abgeschnitten hatte. Dies stimmte aber nicht. Die Zackenschere machte sich nur wieder wichtig.

Die Nadel lag in der untersten Schublade des Kästchens, und neben ihr saß ihre große Schwester, die Stricknadel. So tief unten im Nähkästchen war es ganz still. Nur ein paar alte Stoff- und Wollreste lagen um die beiden herum. Aber die schliefen meist die ganze Zeit, und man hörte nur ein leises, zufriedenes Schnarchen.

„Du hast noch einmal Glück gehabt, dass man dich rechtzeitig gefunden hat. Ich erinnere mich, vor einigen Jahren fiel einmal ein hellbrauner Knopf von der Kante unseres Kästchens hinunter in die ferne Welt und rollte unter das, was die Götter Sofa nennen. Erst nach einigen Monaten kam er wieder zum Vorschein. Doch leider saugte ihn das große Ungeheuer aus dem Nachbaruniversum auf, und er verschwand für immer."

„Glück?" seufzte die Häkelnadel, „Was soll mich glücklich machen. Ach, hätte mich doch auch das große Saugmonster aufgesaugt."

Die Häkelnadel wusste selbstverständlich, dass es schon ein sehr großer Zufall gewesen wäre, wenn das Saugmonster sie nach seinem Sturz aufgesaugt hätte.

„Ja, natürlich musst du schon sehr unglücklich liegen, wenn dich das Monster einsaugen soll, ich habe dir auch nur Mut machen wollen", nickte die Stricknadel. Ihr fehlten die richtigen Worte.

„Unglücklich, das ist es, was ich bin", rückte das Häkelwerkzeug jetzt mit seinem wahren Kummer heraus. „Ich bin zu nichts mehr nutze. Schon seit einigen Jahren hat mich niemand mehr zur Arbeit aus unserem zu Hause geholt und mich umgarnt und eine Masche mit mir gezogen. Ich erinnere mich ja fast kaum noch an meine letzte Arbeit. Es waren ein paar gehäkelte Babyfäustlinge."

Bei der Erinnerung an diese Arbeit standen der Häkelnadel Tränen in den Augen. „Aber ich weiß noch heute die Schritte." Die Nadel bewegte sich, als führe sie die Wolle an ihrem Haken. Dabei schloss sie ihre Augen und beschrieb den Arbeitsprozess: „Eine feste Masche häkeln und dann mit einer Kettmasche einen Ring bilden. Dann eine Runde in festen Maschen und eine Runde in Stäbchen. Und dann …" brach die Häkelnadel ab und wandte sich von seiner großen Schwester auf die Seite. Die nächsten Worte waren fast nicht zu verstehen und die Stricknadel musste sich etwas herüber beugen.

„Heute geht man einfach in einen Laden für Babybedarf und kauft sich die Fäustlinge. Wie alles andere auch. Niemand braucht mich mehr." Sie drehte sich wieder abrupt herum: „Und weißt du denn, wo meine Schwester ist? Ist dir nie aufgefallen, dass sie schon seit einiger Zeit nicht mehr mit mir zusammen ist? Sie treibt sich mit einer Horde Stopfnadeln herum und benimmt sich unflätig." Die letzten Worte der Häkelnadel klangen schon fast wie ein Vorwurf an die große Schwester.

„Ach, was weißt du denn", wurde die Stricknadel ärgerlich über das Selbstmitleid ihrer kleinen Schwester. „Weißt du denn nicht, was mit meiner Zwillingsschwester geschehen ist?"

Die Häkelnadel hob den Kopf und machte große Augen. Nein, sie wusste nicht, was aus ihrer zweiten großen Schwester geworden ist.

„Man hat sie mir entrissen. Einfach so, mitten aus dem Leben heraus. Wir hatten gerade das erste Schulterstück eines wunderbar weichen Pullovers fertig gestrickt, als man sie mir wegnahm."

Jetzt konnte man auch in den Augen der Stricknadel Feuchtigkeit erkennen.

„Und?" versiegten dafür bei der Häkelnadel die Tränen und sie richtete sich auf.

„Die bösen Götter haben sie genommen und in den Ausguss in der Küchenwelt gesteckt."

„Nein", schrie die Häkelnadel auf, dass der Ausruf bis hinauf in die oberste Ebene des Nähkästchens zu hören war. Besorgte Stimmen riefen hinunter, ob Hilfe gebraucht wurde.

„Nein, nein", beruhigte die Stricknadel die anderen, und auch sich selber hatte sie wieder im Griff. Ruhig erzählte sie die tragische Geschichte ihrer Zwillingsschwester zu Ende: „Ich konnte es vom oberen Rand unseres Kästchens sehen. Du weißt, von wo man aus unser ganzes Universum überblicken kann. Ich musste zusehen, wie sie wieder und wieder in den Ausguss getaucht wurde und hörte schließlich am Ausruf des schlechten Gottes, dass das Wasser abfloss."

„Und dann, was wurde aus deine Schwester? Kam sie nicht zurück?"

Der Atem der Stricknadel ging schwer. „Die schlechte Gottheit warf meine Schwester in den großen Eimer unter der Spüle. Dort, wo altes Gemüse, Brot und Papier landet. Ich habe sie nie wieder gesehen."

„Aber warum hat die schlechte Gottheit unsere Schwester nicht wieder zu uns gebracht?"

„Es hätte nichts genutzt. Selbst wenn man sie zurück gebracht hätte, war doch ihre Ehre beschmutzt. Sie hätte nicht mehr in das Nähkästchen zurück gedurft."

„Wer kann nur so grausam sein?"

„Grausam war die Zeit. Die Vergangenheit. Das, was heute als normal gilt, war vor einigen Jahren, Jahrzehnten noch völlig undenkbar. Es herrschte ein anderer Zeitgeist. Manche nennen es Tradition. Nennen es Werte. Und über diese Werte wachte damals ein altes Stück Schneiderkreide."

„Schneiderkreide?“

„Siehst du, selbst du weißt nicht mehr, was eine Schneiderkreide ist. Aber zur Zeit unserer Jugend besaß so eine Kreide noch viel Einfluss. Es war eine Autorität. Etwa so wie das Maßband heute. Aber das Maßband hat längst nicht die Befugnisse, wie es ein Stück Schneiderkreide besaß.“

„Was hast du gemacht, als deine Zwillingsschwester nicht mehr wiedergekommen ist?“ wollte die Häkelnadel nun auch den Rest von der Geschichte hören.

„Das ist schnell erzählt. Man nahm mir das schon gestrickte Stück vom Pullover ab und legte mich wieder zurück in unser Nähkästchen. Seitdem warte ich, dass man mich wieder braucht. Aber schließlich habe ich eingesehen, dass ich nicht mehr gebraucht werde.“

„Oh, du Arme. Dann geht es dir ja noch viel schlechter als mir. Ich schäme mich so. Ich bin nur eifersüchtig auf meine Schwester, weil sie sich amüsiert und ich immer über unsere Leben nachgrübeln muss.“

„Dann genieße das Leben!“

„Ja, das will ich tun.“

„Und entschuldige dich beim Gummiband. Du hast ihm einen ordentlichen Schrecken eingejagt.“

Die Häkelnadel wischte sich die Spuren seiner Tränen aus dem Gesicht und wollte hinauf zu den anderen steigen, um sich zu erklären.

„Schwester“, hielt die Stricknadel die Häkelnadel zurück, „eines muss du mir versprechen, versuche nie wieder, dich an einem Gummiband vom Rand unseres Nähkästchens zu stürzen. Man kann sehr schnell wieder zurück fliegen, wenn man den Knoten richtig fest macht. Und dann weiß man nicht, wo man landet.“ Die Stricknadel musste schallend lachen. Nach einigen Augenblicken stimmte die Häkelnadel mit ein.

„Aber was ist aus dem Stück Schneiderkreide geworden?“, fragte die Häkelnadel, nachdem sie sich beruhigt hatte.

„Das ist eine andere Geschichte“, winkte die Stricknadel ab, „die erzähle ich in einer anderen Episode aus der Reihe *Geschichten aus dem Nähkästchen*.“

GEMISCHTES 4

Nachrichten aus dem Klusum-Appeldorfer Tageblatt 2

Aus den Bezirken

Herpes-Oberstedt Das diesjährige Schlachtfest

Das Schneiden von Schweinen und Schweinehaltern

Fünf von sechs Schweinen schnitten bei dem diesjährigen Schlachtfest schlecht ab. Und eines war sich nicht zu schade, sich vor einigen Besuchern des Festes im Schlamm zu suhlen. Einige Feriengäste wandten sich entsetzt von dieser Schweinerei ab. Zum Glück für die Bauern von Klusum-Appeldorf stieg der Umsatz an Wurst- und Fleischwaren dennoch erfreulich an. Dem Besitzer des ungebührlichen Schweins droht ein Schneiden beim abendlichen Umtrunk am Stammtisch. Er wird für mindestens fünfzehn Minuten geschnitten und muss sich für diese Zeit selber beschäftigen. Auch darf er sich am Stammtisch für die Dauer der Strafe ausdrücklich nicht an der nach dem Schlachtfest traditionell üblichen üblen Nachrede über Feriengäste von Klusum-Appeldorf beteiligen.

Die kleine Hausphilosophie 2

Thema: Einsamkeit

Auch ein altes Schwein ist nicht gern allein.
Und war es auch ein altes Schwein,
so ganz allein will kein Schwein sein.

Marktwirtschaft

Im Kühlregal für Milchprodukte herrschte große Aufregung. Ein neuer Griespudding hatte sich angekündigt. Aus diesem Grund fand auch ich mich im Supermarkt an der Hauptstraße vor der Kühltruhe ein. Eine Benachrichtigung in meinem Briefkasten hatte mich neugierig gemacht. Was sollte das sein: Griespudding mit Vanillesoße und Schokoraspeln?

Nun ist es allgemein bekannt, dass bei Einführung eines neuen Produkts auf dem Markt immer ein gewisser Druck auf den alten Marken lastet. Schmecke ich noch? Sehe ich noch besonders appetitlich und auch optisch ansprechend aus? Und die Frage, die in unserer Welt immer wichtiger wird und an der kein Joghurt, keine Quarkspeise mehr vorbei kommt, lautet: „Bin ich zu fett?"

So war es nur allzu verständlich, dass alle Produkte sehr nervös waren, während sie auf den Neuling warteten. Spannungsgeladen lagen bei einigen Frischkäsesorten und Sahnebechern die Nerven blank. Besonders bei fettarmer Sahne ist bekannt, dass sie leicht die Fassung verliert und sauer wird. So wunderte es niemanden, dass grobe Beleidigungen und Anzüglichkeiten dem neuen Pudding noch vor seiner Ankunft im Kühlregal entgegengeschleudert wurden. Und das, obwohl das neue Mitglied im Sortiment noch niemandem bekannt war. Wie jedes Mal bei einer neuen Produkteinführung brachte man sich in vorteilhafte Stellung. Man wollte gesehen, gekauft und gegessen werden. Ein Schieben und Rücken, ein Drücken und Stemmen setzte ein.

Es wurde so heftig um die besten Plätze gerangelt, dass ein Fünfzig-Gramm-Joghurt von einer Fünfhundert-Gramm-

Magermilchpackung glatt an den Rand der Truhe gedrückt wurde, so dass sein Aludeckelchen platzte und der Himbeerinhalt herausquoll. Was für ein schrecklicher Anblick. Unfassbar aber war, und dies lies mich erstmalig an der bis dahin so hoch entwickelten Kultur von Milchprodukten zweifeln, der ungeheuerliche Anschlag auf einen klassischen Schokoladenpudding. Dieser wurde, ich muss es so sagen, vorsätzlich von drei Käseecken, Geschmacksrichtung Salami, gleichzeitig in die Zange genommen und dann skrupellos und mit voller Absicht hochgehoben und über den Rand der Kühltruhe gestoßen. Nein, das hatte nichts mehr mit Konkurrenz zu tun, nichts mit Wettbewerb und freier Entfaltung der eigene Marke. Das war vorsätzliche Sachbeschädigung. Wenn der Schokoladenpudding ein menschliches Wesen gewesen wäre, hätte man sogar von Körperverletzung mit Todesfolge sprechen können, sogar sprechen müssen. Denn dass alles Leben aus dem Pudding gewichen war, sah man schon daran, dass nur noch ein feuchter, schwabbeliger brauner Fleck auf dem Boden neben dem Kühlregal vorhanden war. Wo war das lustige Wackeln und das schön glänzende Antlitz des lieben oder besser begehrenswerten Puddings geblieben? Es war ausgelöscht.

Um dem Leser unnötige Gräuelszenen zu ersparen, will ich gar nicht von einigen Resten seiner süßen Existenz am Rand des Kühlregals erzählen. Diese Erfahrung ist zu schrecklich.

Aber das schlimmste ist, dass dieser Akt barbarischer Gewalt nicht gesühnt wurde.

Der Filialleiter höchstpersönlich unterlag dem Fehlurteil, dass es sich um einen bedauerlichen Unfall handelte. Zu dieser krassen Fehleinschätzung kam es auch, weil kein Zeuge sich bereit erklärte, dem Kaufmann die Wahrheit zu sagen. Im Kühlregal lag eine eisige Mauer des Schweigens über dem Tod der armen Süßspeise.

Und warum, fragen Sie, habe ich nichts gesagt? Ich war doch schließlich auch Zeuge dieses hinterhältigen Mordkomplotts gewesen?

Nun, was würden Sie sagen, wenn Ihnen jemand solch eine Geschichte erzählen würde? – Sehen Sie, genauso hätte der Filialleiter des Supermarktes in der Hauptstraße auch reagiert.

Der neue Griespudding mit den Schokoraspeln schmeckte übrigens sehr gut. Natürlich kann er über das tragische Ende des Schokoladenpuddings nicht hinwegtrösten. Es macht den Abschied nur ein wenig süßer.

Trödel

„Jetzt kann ich den Scheiß gar nicht mehr verkaufen, du Idiot! Pack gefälligst richtig an!“

Die Türen der Anrichte waren beim Herunterfallen vom Lastwagen aufgegangen und beim Aufprall auf das Kopfsteinpflaster herausgebrochen. Auch die aufgeschlagene Seite des Möbels war zersplittert und so stand es wackelig vor dem Transporter mit der Aufschrift „Antik & Trödel“ in der Wittelsbacherstraße. Ein gezielter, wütender Fußtritt des Inhabers der Entrümpelungsfirma gab der Anrichte den Rest. Dieser wurde von dem unachtsamen Gehilfen wortlos aufgeladen.

„Da hat man sie ein Leben lang gepflegt, von Staub befreit, geputzt, behütet, nur, damit am Ende so ein schmuddeliger Mensch mit seinen dreckigen Händen in deinen Erinnerungen wühlt und entscheidet, was noch wert ist verramscht zu werden oder in Plastiksäcken auf der Müllhalde landet.“

Elvira Müller sah, bewegt zwischen Ärger und Traurigkeit, zu, wie die Dinge, die ihr und ihrem Mann so wertvoll waren und voller Erinnnerungen steckten, von dem unrasierten Trödler mit dem Bierbauch und dem dünnen, ungewaschenem Haar eins nach dem anderen aus ihrer gemeinsamen Wohnung geschleppt wurden. Sein Gehilfe sah aus, als habe er noch nie von einem Wort wie Zurückhaltung oder Verständnis oder auch Mitgefühl gehört. Der letzte Bissen von seinem Döner fiel auf die Teppichbrücke, die Elvira und ihr Mann zu ihrer silbernen Hochzeit geschenkt bekommen und die sie nur mit Hausschuhen betreten hatten. Dass er sich nicht bückte sondern stattdessen das Gemenge aus Fleisch, Rotkohl und Knoblauchsoße mit dem Turnschuh platt trat und in die

Fasern eindrückte, schrieb Elvira seiner mangelnden Kinderstube zu. Die schmierigen Finger allerdings betrachtete sie mit Ekel und Abscheu.

„Er hätte sich doch wenigstens die Hände waschen können", schüttelte die Achtzigjährige den Kopf bei der Begutachtung ihrer Bettwäsche, die von dem Mann von der Wohnungsentrümpelung achtlos in einen blauen Müllsack gestopft wurde.

„Unsere Wohnungseinrichtung ist aber kein Gerümpel", hatte Frau Müller überrascht reagiert als ihr der junge Mann von der Sozialstation Wilmersdorf, der sie seit einigen Jahren betreute, den knallroten Zettel mit der Aufschrift „Wohnungsauflösungen" und der Anschrift des Trödelladens auf den Tisch zwischen die Kaffeetasse und den Kuchenteller gelegt hatte.

„Und Trödel ist es auch nicht. Mein Mann und ich haben sehr hart gearbeitet, um uns die Sachen leisten zu können. Alfred war ein fleißiger Angestellter bei den Elektrizitätswerken. Mit seinem Gehalt konnten wir keine großen Sprünge machen, wie man heute so schön sagt, aber für die Kinder und die Enkelkinder hat es immer für die Geburtstage und für Weihnachten gereicht. Sehen Sie mal", hatte sich die alte Frau mühsam erhoben und von der Anrichte eine Fotografie geholt und dem jungen Mann vom Sozialdienst gezeigt. „Das ist mein Ur-Enkel Moritz. Er ist schon fast vierzehn Jahre und geht auf das Otto-Lilienthal-Gymnasium. Was er mal später werden will, weiß er noch nicht. Mein Mann wollte als Kind Lokführer werden, wie alle kleinen Jungen", lächelte sie liebevoll der Fotografie ihres vor zehn Jahren verstorbenen Mannes auf der Anrichte zu.

Diese war die erste Anschaffung nach dem Krieg, die sich die Eheleute Anfang der fünfziger Jahre geleistet hatten.

„Ganz schön altmodisch!" hatten die Freunde gesagt und gelächelt. „Natürlich war es nicht das modernste Stück, es war noch aus der Vorkriegsproduktion, aber mehr war nicht drin. Wir hatten doch schon Monika, und Peter war unterwegs." Auch diese beiden standen gerahmt neben den zwei anderen

Kindern und den Enkeln. Auch die Freunde von damals fanden sich auf der Anrichte. „Nun sind sie auch schon tot“, nickte Elvira den Verstorbenen zu und lächelte ihrerseits: „Aber die Anrichte steht noch an ihrem Platz.“

„Das Ding ist nichts wert. Nur Trödel. Für Antik ist es nicht alt genug“, schüttelte der dicke, unrasierte Mann den Kopf und schob sich das letzte Stück Streuselkuchen in den Mund. Er war zu einer „Vorbesprechung“ gekommen und auch da hatte er es nicht für nötig gehalten, sich des Anlasses entsprechend zu kleiden und seinen speckigen Hut abzunehmen. Den Kuchen hatte er gegessen und den Kaffee geschlürft als sei er Orangensaft. Einen Schnaps konnte die alte Dame nicht anbieten. Seitdem ihr Mann Georg gestorben war, hatte sie keine neuen Alkoholika eingekauft, und als die letzten Vorräte durch die Kinder bei Besuchen an ihrem Geburtstag und an Weihnachten getrunken waren, war die Hausbar zu einem Lager für Servietten, Salzstangen und Erdnüssen für die Enkel umfunktioniert worden.

„Ob die Kinder öfter kommen würden, wenn ich Schnaps im Hause hätte?“ betrachtete sie das grunzende Schwein sich gegenüber, wie es die letzten Krümel des Kuchens vom Teller leckte.

„Sie stehen alle im Beruf und haben ihre eigenen Familien“, beantwortete sich Elvira ihre Frage selber. Aber wo Peter nur blieb? Sie sah verwundert auf die alte Wanduhr, ein Erbstück von ihrer Großtante Selma. „Er ist doch immer so pünktlich. Na vielleicht ist wieder ein Stau auf der Stadtautobahn.“

Peter Müller hatte seiner Mutter versprochen, bei dem Termin mit dem Trödler dabei zu sein, damit der sie nicht übers Ohr haute.

„Ich kann nicht mehr warten, ich habe noch zwei andere Omas.“ Der Trödler war aufgestanden und hatte begonnen, sich im Zimmer umzusehen. Ohne die Erlaubnis einzuholen, sah er in die Anrichte, durchstöberte den Wohnzimmerschrank nach etwas brauchbarem Geschirr und rüttelte fachmännisch an der Wanduhr. „Als ob er vermutete, dass darin etwas locker ist oder ich dort meine Juwelen versteckt hätte", schmunzelte Elvira bei dem Bericht, dem sie ihrem Sohn von dem Besuch des unrasierten Mannes gegeben hatte.

„Aber es ist entschieden zu wenig Geld, was er dir für das Zeug geboten hat", tadelte Peter und entschuldigte sich für den Ausdruck „Zeug".

Noch ärgerlicher wurde er allerdings, als er erfuhr, dass seine Mutter das Geld schon in bar erhalten hatte.

„Du warst doch nicht da, was sollte ich da machen?", blätterte Elvira die Scheine schuldbewusst auf den Wohnzimmertisch. „Und ich kann alles, was ich behalten will, in eine Ecke stellen, hat er gesagt, da gehen dann seine Leute nicht ran. Wenn er nicht selber bei der",, stockte die alte Frau und sagte dann doch ganz leise, „bei der Entrümpelung dabei ist."

In der beschrieben Ecke, wo früher die Topfpflanzen standen, weil dorthin die meiste Sonne schien, waren einige Gegenstände gestapelt. Ein kleiner Fußhocker, das große Ölgemälde, das nur ein Druck war, der Lehnsessel, eine Kiste mit ausgewählten Büchern, eine zweite Kiste mit Kleinkram, wie den Bildern von der Anrichte, den Briefmarkenalben ihres Mannes und in Zeitungen verpacktes Porzellan. „Das, was wir uns von Georgs erstem Gehalt gekauft hatten. Du weißt, ich wollte es eigentlich deiner Schwester zu ihrer Hochzeit schenken, aber sie wollte so olles Geschirr nicht, es passte nicht in ihre moderne Einbauküche."

Elviras Sohn konnte sich an das Porzellan erinnern. Auch an das enttäuschte Gesicht seiner Mutter als seine Schwester das Geschenk abgelehnt hatte und stattdessen lieber Bargeld wollte, erinnerte sich Peter. Die Hochzeit dauerte drei Tage und kostete „ein Vermögen".

„Ich muss jetzt wieder zurück, mein Chef hat schon gemault, dass ich schon wieder aus dem Geschäft fort bin. Kommst du alleine ins Heim? Ich meine, in das Seniorenhaus? Die Sachen fahre ich dir morgen oder übermorgen rüber. Bis zum Ersten geht ja noch der Mietvertrag, es herrscht also keine Eile. Soll ich dir ein Taxi rufen, nein?" Schon hatte der Sohn sein Mobiltelefon in der Hand, steckte es aber wieder weg, als die Mutter meinte, sie nähme den Bus. Die Bewegung täte ihr gut.

Ein Kuss auf die Wange und der Sohn war aus der Wohnung verschwunden. Seine Schritte im Flur und das Zufallen der Tür hallten in den leeren Räumen wieder.

„Am Montag kommen die Maler", hatte Peter noch gerufen.

„Dann werden sie auch die Tapete überstreichen", dachte Elvira und blieb vor der Wand stehen, an der die Anrichte gestanden hatte. Die Umrisse des Möbels zeichneten sich deutlich als Rahmen ab.

Untertrikotagen- und Miederwarenfachgeschäft Winzig

Herr Winzig führte ein Geschäft für Miederwaren und Untertrikotagen.

Herr Winzig war kein, wie der Name vermuten lässt, kleiner Mensch. Ganz im Gegenteil erreichte Herr Winzig mühelos die Einmeterneunzig.

Würde man nicht wissen, dass Herr Winzig im Damenunterwäschegeschäft tätig war, man hätte denken können, er sei Bestatter von Beruf. Die lange, hagere Gestalt, mit schwarzen Hochwasserhosen, einem schwarzen Jackett, in das, vom Umfang gesehen, zwei Herrn von Winzigs Statur hineingepasst hätten und einem Zylinder auf dem Kopf, dazu ein Gesicht wie drei Tage Regenwetter, ließen gar keinen anderen Schluss zu, als das dieser Herr mit Leichen zu tun hatte.

Aber die einzigen Leichen in seinem Leben waren die Unterhosen, Unterhemden und die sonstige Leibwäsche für Frauen in den Regalen seines Geschäfts. Allesamt Ladenhüter.

Da die Ware, sprich die Miederware, in den Auslagen und Regalen, schon seit geraumer Zeit aus der Mode gekommen war, gingen die Geschäfte nur mäßig.

Um das Sortiment mit neuen, modernen Erzeugnissen zu bestücken, fehlte dem Geschäftsinhaber das erforderliche Kapital und wohl auch der nötige Sachverstand.

Aus diesen Umständen heraus ergab sich, dass Herr Winzig sehr wenig Umsatz in seinem Geschäft machte. Wäre da nicht das vierstöckige Wohnhaus, in dem der Laden im Erdgeschoß lag und in dem es noch sieben weitere Wohnungen, außer der eigenen zu vermieten gab. Herr Winzig hätte am

Hungertuch nagen müssen. So aber führte er ein zwar bescheidenes, aber kein entbehrungsreiches Leben.

Herr Winzig gedachte oft seiner verstorbene Frau Mutter, Ada Winzig, die ihm das „Untertrikotagen- und Miederwarenfachgeschäft Winzig“ und das Wohnhaus hinterlassen hatte. Ein Bild der Seligen mit Trauerflor hing hinter dem Tresen zwischen den Glasvitrinen mit den Korsagen und den Strumpfbändern. Diese lagerten allerdings nicht sichtbar und vor den lüsternen und unkeuschen Blicken männlicher Begleiter von vereinzelten Kundinnen in einer mit Rosenblüten verzierten Schachtel verborgen.

Die Geschäfte führte Herr Winzig eher aus Pflichtgefühl als aus Liebe zu den Untertrikotagen.

Der große Traum des Mitvierzigers war nicht wahr geworden. Ein Weltreisender wollte er werden. Die Meere und Kontinente sehen und erforschen, das war sein Ziel gewesen.

Den größten Wunsch seiner lieben Mutter, ein kinderreiches Haus, hatte Herr Winzig bis zu diesem Tag auch noch nicht erfüllt.

Ein Mangel an Gelegenheiten gegengeschlechtliche Personen zu treffen war nicht der Grund für das unfreiwillige Junggesellendasein. Das Geschäft bot Gelegenheiten genug.

Allein die Schüchternheit des Herrn verhinderte die entsprechende Kontaktaufnahme.

Bis zu jenem Nachmittag im April.

Die kleine Glocke über der Ladentür läutete.

„Guten Tag“, schwang ein ähnlich heller Ton durch den Laden, wie der, den das Glöckchen erzeugte.

Herr Winzig erhob sich von seinem Stuhl in seinem Büro im Hinterzimmer und trat einer jungen Dame entgegen. Sie war von schlanker, hoher Gestalt. Ihr lockiges, blondes und dichtes Haar war zu einem Knoten gebunden und die strenge Frisur verlieh ihrem zarten, milchig blassen, leicht kränklichen Gesicht eine Spur von Strenge. Ihre dunklen braunen Augen sahen Herr Winzig ernst an. Erstaunt, solch ein Wesen in seinem Geschäft zu erblicken, fragte er: „Womit kann ich Ihnen dienen?“

„Ich würde Sie gerne heiraten, das heißt um ganz korrekt zu sein, ich muss Sie heiraten. Es ist mir bestimmt worden. Hier, in meiner Hand“, reichte ihm die junge Dame ihre bezaubernde Hand. „Mein Name ist Eva.“

„Sie?“ trat Herr Winzig einen Schritt zurück, als habe das Fräulein die Windpocken, und fragte irritiert, „wollen mich heiraten? Oh, Pardon, müssen mich heiraten?“ berichtigte er sich.

„Ja, obwohl ich Sie auf den ersten Blick recht sympathisch finde.“

Das Fräulein lächelte. Das freute den Ladenbesitzer.

„Und wann gedenken Sie mich zu heiraten?“

„Sobald als möglich, spätestens wenn wir den Ehevertrag aufgesetzt haben.“

„Den Ehevertrag?“

„Ja, eine Vereinbarung, dass ich mit Ihnen lebe, Sie mich als Ehefrau versorgen und ich, nach ihrem Tod, das Vermögen, das unser Sohn von Ihnen erbt, für ihn verwalte, bis er die Volljährigkeit erreicht hat.“

„Mein Vermögen?“ fragte Herr Winzig und sah sich in seinem Geschäft um. Auf den Umstand, dass er demnächst Vater und noch dazu eines strammen Sohnes werden würde, ging der Geschäftsmann aus Verwirrtheit über das neue Eheglück nicht ein.

„Nun, was immer Sie besitzen“, erklärte das Fräulein.

„Soweit mir bekannt ist, ist dieser Laden mein einziger Besitz. Und das Haus natürlich.“

„Na ja, das ist doch ein schönes Eigentum. Es gibt viele Menschen auf der Welt, die noch weit weniger besitzen. Unser Sohn wird es einmal gut haben.“

„Und Sie, wenn ich fragen darf, nennen Sie auch etwas von Wert Ihr eigen? Nicht, dass es für mich wichtig wäre, ich meine, ich werde Sie auf jeden Fall ehelichen, ich frage nur so aus reiner Neugierde.“

„Nein, Herr …?“

„Winzig“, stellte sich Herr Winzig der jungen Dame vor und zog seinen Zylinder, den er gar nicht auf dem Kopf trug und machte eine tiefe Verbeugung. „Untertrikotagen- und Miederwarenfachgeschäft Winzig.“

„Herr Winzig, ich bedaure Ihnen mitteilen zu müssen, das ich beinahe mittellos bin. „Beinahe“, fügte das Fräulein an. „Da ist noch unser Sohn, der, wenn er erst geboren und erwachsen ist, für uns sorgen wird. Er wird, wenn Sie verstorben sind, das von Ihnen ererbte Vermögen, weiter vermehren und mich gut im Alter versorgen.“

„Was ist, Pardon, was wird denn Ihr werter, unser werter Sohn einmal für einen Beruf ausüben?“

Das junge Fräulein senkte den Blick. „Darüber darf ich nicht sprechen. Es ist mir untersagt“, schüttelte Eva den Kopf. „Aber so steht es hier geschrieben.“, zeigte sie noch einmal ihre Handfläche. Es war dem Fräulein sichtlich unangenehm, ihrem künftigen Ehemann nicht die Wahrheit sagen zu dürfen.

„Ist es ein Gelübde?“ fragte Herr Winzig vorsichtig nach.

Sie schüttelte abermals den Kopf.

„Ist es Ihnen von behördlicher Seite untersagt, über die Angelegenheit zusprechen? Es wird doch kein …?“

„Nein, nein, um Gotteswillen, denken Sie nur nicht, unser Kind wird mit dem Gesetz in Konflikt kommen, nein, lieber Herr Winzig, ich schwöre Ihnen, dass es nichts Verbotenes oder Unanständiges sein wird, mit dem unser Sohn sein und unser Leben finanzieren wird. Wenn er erst einmal groß genug ist. Ich kann Ihnen nur so viel verraten, dass es in gewisser Weise ein künstlerischer Beruf sein und mit Mode zu tun haben wird, den Abel, so der Name unseres Kindes, ausüben wird. Nun bitte ich Sie, Herr Winzig, nicht tiefer in meine Gedanken einzudringen und den Dingen ihren Lauf zu lassen“, griff Eva die Hand des großen Mannes und diesmal wich er nicht zurück. Ihre Hand lag warm in der seinen und schon bald fühlte er, wie die anfänglichen Zweifel wichen und diese sich in einem Wohlbefinden auflösten.

Der Hochzeitstermin wurde auf den 3.Juni gelegt. Es war der Geburtstag von Herrn Winzigs dahingeschiedener Mutter.

Ein schönes, wenn auch schlichtes Fest, bildete den Rahmen der Vermählung des neuen Glücks. Der Feinkosthändler Peine an der Ecke Hauptstraße/Kaiserweg, bei dem Herr Winzig einzukaufen pflegte, richtete das Büfett aus und bewirtete die

Gäste. Außer einem jüngeren Bruder hatte Eva keine Verwandten, da die letzten vor einigen Jahren verstorben waren. Auch Herr Winzig hatte außer seiner seligen Mutter niemand der ihm in Blutsverwandtschaft nahe stand. So waren Geschäftspartner und Nachbarn zu der Feier geladen.

Zu Herrn Winzigs Freude kam Evas elfjähriger Bruder Kain, in Begleitung einer Erzieherin zur Hochzeit.

Zur Überraschung für den Bräutigam offenbarte dessen frisch vermählte Frau Herrn Winzig unmittelbar nach der Trauung, dass jener elfjährige Knabe von Stund an im Hause Winzig leben würde.

Herr Winzig war sofort einverstanden.

Dem Jungen sollte es an nichts fehlen. So hatte sich Herr Winzig von seiner Ehefrau überzeugen lassen. Dem Knaben wurde außer der Erzieherin noch ein Privatlehrer als reifer Freund und Lehrmeister zur Seite gestellt. Eine gründliche und solide Ausbildung für die Zukunft war für Kain unabdingbar.

Schließlich übernahm Winzig die Vaterschaft für den Bruder seiner Frau. Die Verantwortung schien ihm zwar sehr groß, schließlich war er nur der Inhaber eines kleinen Untertrikotagengeschäfts, aber er wollte, dass das Kind in geordneten Verhältnissen aufwuchs.

Und dann war ja auch noch der eigene Stammhalter, Abel Winzig. Dieser, wenn er denn käme, hätte gleich einen älteren Bruder.

Kain Winzig, seiner Erzieherin und dem Privatlehrer wurde eine eigene Wohnung im Haus über der Familie Winzig eingerichtet. Ein nicht ganz leichter Schritt für Herrn Winzig, da eine weitere Einnahmequelle entfiel und die Kosten durch die Privaterziehung des Stiefsohnes gestiegen waren.

Wertpapiere der Aluminiumwerke „IUPAC-Gruppe-AG", von Herrn Winzig für unruhige Zeiten angelegt, wurden verkauft und ermöglichten für einige Zeit den Unterricht des Knaben. Die Mahlzeiten nahm Kain gemeinsam mit seiner Schwester, seinem Stiefvater, der Erzieherin und dem Lehrer Herrn Wasmeier ein.

Eva Winzig war keine ausgesprochen gute Köchin und Herr Winzig war nicht zuletzt über den Zufall froh, dass eine seiner Frau bekannte Köchin gerade eine Stellung suchte.

Frau Helm machte ausgezeichneten Schweinebraten.

Herr Helm, der Mann der Köchin, machte sich im Haus nützlich, so gut er es mit nur einem Arm konnte. Außerdem war auch das Herz schwach und schweres Tragen aus diesem Grund nicht erlaubt.

So erledigte Herr Winzig alle Gänge während seiner Mittagspause, da der Hauslehrer Herr Wasmeier, sich ausschließlich auf die pädagogische Betreuung des Kain Winzig konzentrierte.

Ähnlich ungeschickt wie beim Kochen ging Helene Winzig auch im Haushalt vor.

Fräulein Eber dagegen putzte, schrubbte die Fußböden und wusch die Wäsche zur vollsten Zufriedenheit der Dame des Hauses.

Fräulein Eber teilte sich eine Wohnung mit der Köchin und deren Ehemann Edgar Helm neben der des Bruders seiner Frau und dessen Betreuungspersonal.

Um den durch diesen Einzug auftretenden weiteren Verlust an Mieteinnahmen auszugleichen, musste Herr Winzig andere Ausgaben, wie seinen wöchentlichen Besuch bei dem Treffen der Orchideenfreunde im Lokal „Zur Sonne", das Sammeln von Orchideen selber und den Genuss von Zigarren und Cognac erst reduzieren, dann vollständig einstellen. Um den Lohn für die Köchin und die Haushaltshilfe aufzubringen, nahm Herr Winzig eine Stellung als Nachtportier für drei Nächte in der Hauptverwaltung der Aluminiumwerke „IUPAC-Gruppe-AG" an.

Und trotz alledem war Herr Winzig ein zufriedener Mann. Seine Mutter wäre stolz auf ihn gewesen.

Es herrschte im Hause Winzig ein harmonisches Familienleben.

Nur das Gefühl, das ihm der Bruder und Stiefsohn Abel ein wenig fremd und unnahbar und er ihm zuweilen sogar etwas unheimlich und bedrohlich vorkam, verbarg Herr Winzig vor seiner Frau.

Er wollte dem Jungen kein Unrecht tun.

Kain war ein ausgesprochen schöner Knabe. Dunkle, braune Augen, blonde Haare, ein gerader, starker Körperbau und eine gesunde Farbe im Gesicht mit ebenmäßigen Zügen verliehen seinem Wesen etwas Prinzenhaftes.

Eine gewisse Ähnlichkeit mit dem Privatlehrer Herr Wasmeier hatte die Nachbarschaft ausgemacht. Gewisse Gerüchte vermuteten die Vaterschaft des Lehrers an dem Schüler. Daran, dass die Schwester des Jungen eine starke Ähnlichkeit mit Kain aufwies, hatte niemand etwas auszusetzen. Schließlich war Eva eine Blutsverwandte des Knaben.

Herrn Winzig waren solche Überlegungen indes fern. Er hatte genug zu tun, den auf immerhin acht Personen angewachsenen Haushalt zu finanzieren.

Zwölfstündige Arbeitstage sowie die Schichten als Nachtportier waren für Herrn Winzig keine Seltenheit. Und auch an manchem frühen Morgen, nach dem Zustellen der Sonntagszeitungen in der Nachbarschaft wurde gerechnet und summiert, was ihn das Leben mit seiner lieben Frau, ihrem Bruder und dem Hauspersonal kostete.

Noch vor dem ersten Hochzeitstag verstarb Herr Winzig.

Der an das Totenbett gerufene Arzt bestätigte auf dem Totenschein einen natürlichen, wenn auch vermeidbaren Tod.

Herr Winzig hatte sich bei seinen Geschäften und Tätigkeiten derart verausgabt, dass er an Entkräftung gestorben war.

Zwei Monate nach dem Tod des Herrn Winzig kam dessen Stammhalter Abel Winzig auf die Welt.

Doch Abel Winzig lebte nicht lange. Für den plötzlichen Kindstod hatte der ebenfalls herbeigerufene Arzt keine Erklärung.

Abels Bruder Kain erbte das Wohnhaus des Herrn Winzig und seine Schwester Eva führte, wie der Ehevertrag es vorsah, die Geschäfte bis zur Vollendung der Volljährigkeit ihres Bruders.

GESCHICHTEN MIT TIEREN

Schmidts Katze

Die Katze von Frau Schmidt hätte mir vermutlich ganz gut gefallen, wenn ich ein Kater wäre. Nicht was Sie denken, ich stehe nicht auf Katzen. Jedenfalls nicht so, wie Sie jetzt denken mögen.

Wenn man es genauer betrachtet, hätte mir der dämliche Spruch von Frau Schneider auch gut am A---- vorbei gehen können. *Aber!* Ja, das Aber und das Ausrufezeichen sind kursiv gedruckt. Und nicht ohne Grund. Frau Schneider hat nämlich nicht mich und die Katze von Frau Schmidt mit ihrer abschätzenden Bemerkung gemeint, sondern die Katze von Frau Wilhelm. Diese Dame heißt nicht nur so, sondern sie trägt auch einen ähnlichen Bart wie der letzte deutsche Kaiser. Ohne dass sie auch nur die geringste Ahnung hätte, wie man als letzter deutscher Kaiser lebt. Denn dazu muss man wissen, dass Frau Wilhelm in den frühen Fünfzigern geboren und zu ihrer Blütezeit noch ein Blumenkind war. Da hat wahrscheinlich eine etwas zu starke Prise LSD einige Drähte im Gehirn zum Schmelzen gebracht und eine reaktionäre Reaktion ausgelöst. Eine erzreaktionäre Reaktion. So wurde Frau Wilhelm monarchistisch und trägt seitdem einen Bart, wie ihn der letzte deutsche Kaiser getragen hat. Ein Glück nur, dass ihr Name nicht Himmler oder noch schlimmer gelautet hat. Was dann für ein Früchtchen aus dem Blumenkind geworden wäre, ist nicht auszudenken.

Und auch den Drogen sei Dank. Wenn ich überlege, was es heute alles zu kaufen gibt, und dann die verkorkste Weltanschauung von Frau Wilhelm?! Nicht auszudenken!

So hat Frau Wilhelm, Gott sei Dank, nur sehr dumme und völlig irrrelevante Verleumdungen über mich und die Katze von Frau Schmidt in die Welt gesetzt.

Die Katze von Frau Schmidt ist übrigens eine ganz gewöhnliche Hauskatze. Im Grunde gar nicht mein Typ.

Lebensplanung einer Eintagsfliege

Wie wird es sein? Wie wird mein Leben verlaufen? Was hält das Schicksal für mich bereit? Spannend!

Ich glaube, man muss sein Leben in die Hand nehmen. Zupacken. Sich den Teil nehmen, der sich einer Fliege bietet. Nur der Entschlossenen steht die Tür zum Leben weit offen.

Mich fortzupflanzen liegt mir in den Genen. Das mache ich automatisch. Aber hinaus in die Welt fliegen und Abenteuer erleben und später in einem hübschen Haus an der See wohnen, dafür muss ich mich schon ein wenig mehr anstrengen.

Aber wo ein Wille ist, ist auch ein Weg.

Oh, was für eine schöne rote, saftige Tomate. Das ist doch ein Lebensanfang, wie man ihn sich nicht besser wünschen kann.“

Berliner Sushi – Rollmöpse

In Scheiben geschnittene, mit einer Gurke gerollte und mit zwei Holzspießchen zusammengehaltene Hunde. Auch wenn Möpse sehr kleine Hunde sind, muss man sie doch filetieren. Das Auge isst schließlich mit.

Na ja, wer Hunde mag.

Ich stehe mehr auf Katzen.

BEZIEHUNGSKISTEN

„Sei nicht sauer!“

Sei nicht sauer!“, sagte sie, aber sie küsse nun mal generell beim ersten Mal nur bei Vollmondschein. Dass klang für mich zuerst natürlich etwas unnatürlich. Auch ihre weitere Erklärung, dass es Glück brächte, am Anfang einer Beziehung die ersten Körperflüssigkeiten beim Stand des vollen Mondes auszutauschen, war mir fremd.

Ich willigte dennoch ein, mit dem ersten Kuss bis zur nächsten Periode unseres Nachbartrabanten zu warten.

Nach zwei Wochen stand sie mit mir auf meinem Balkon und bewunderte den Vollmond. Ich hatte den Arm um sie gelegt.

„Sei nicht sauer“, entwand sie sich erneut meinem Annäherungsversuch. Die richtige Musik fehte ihr.

Meine CD-Sammlung gab alles her, außer dem, was meine zukünftige Freundin in Stimmung bringen sollte. Es musste Jazz sein – Jazz pur. Keinen Jazzrock oder Rockjazz. Auch keine verjazzte Volksmusik, keinen Death-Metal-Jazz und auch kein Gedudel à la New-Orleans-Jazz.

Da stand ich nun: Ich hatte den schönsten Vollmond über meinem Balkon, einen lauwarmer Sommerabend um meinen Balkon und einen Duft von gebratenen Hühnern aus der Imbissbude unter meinem Balkon, aber keinen Jazz.

Ich besorgte bei meinem Nachbarn einige Scheiben von James Blood, Alegre Correa, Jean-Paul Bourelly und Wolfgang Puschnig.

Das brächte gar nichts, es müsse Live-Musik sein, winkte sie ab.

„Sei nicht sauer", schob sie die Scheiben von James und Konsorten zur Seite, „ich bin nun mal hemmungslos romantisch."

Und trotzdem? Vielleicht ein kleines Busserl bei Till Brönner?

Nein, nein, es müsse alles stimmen, wenn sie einen Mann das erste Mal küsse. Wenn nicht, würde es Glück beziehungsweise Unglück bringen.

Also besorgte ich Karten für das in vier Wochen stattfindende Open Air Jazzfestival für sie und mir ein weiches Kissen für die harten Plastiksitze im Stadion.

Dann war alles perfekt. Vollmondschein und Jazz im Freien. Dem ersten Kuss stand nichts mehr im Wege.

„Sei nicht sauer", tröstete sie mich, „aber der Saxophonist von dieser geilen Jazzband ist ganz mein Typ und die Zeichen für eine Beziehung stehen echt günstig!"

Ich sah ihrem ersten Kuss zu, freute mich für sie und hoffte, ihre neue Beziehung stehe unter einem guten Stern beziehungsweise Mondschein.

Vorletztes Kapitel eines Liebesromans

Die Minuten vergingen im Stundentakt. Zäh, wie in einem Brei matschte Fabian in Erinnerungen, die sie betrafen: Christine, seine Ehemalige. Und das waren eine ganze Menge. Fabian bemerkte, dass die Großmutteruhr an der Wand des Cafés mit der Holztäfelung stehengeblieben war. Aber auch ein Blick auf die Uhr im Mobiltelefon ließ die Zeit nicht schneller vergehen. Seine Armbanduhr war heute Morgen kaputtgegangen. Was für ein Zeichen!

Warum nur musste er sich mit ihr verabreden? Hätte es nicht ausgereicht, nach ein paar Worten in der Art: „Dass man sich mal wieder trifft. Wie geht's denn? Was macht der und was macht der, und wie geht es deiner Mutter?“ oder ähnlichen Floskeln, sich noch einen schönen Tag zu wünschen und lediglich beim Gehen sich noch einmal umzudrehen.

Dass Fabian nicht nach dem unverfänglichen Austausch von Nettigkeiten, Komplimenten und Schmeicheleien, wie gut man aussieht und das man sich nicht verändert hat, umgedreht und seiner Wege gegangen war, brachte ihn jetzt dazu, in eine mittelprächtige Panik zu verfallen.

Was, wenn sie noch etwas von ihm wollte? Was, wenn sie ihm gesteht, dass sie ihn all die Jahre hindurch geliebt und schwer unter der Trennung gelitten hat? Was, wenn sie jetzt nicht mehr ohne ihn leben will und kann?

Sollte Fabian ihr Vorwürfe machen, dass sie ihn damals so kalt, so eiskalt, abserviert hatte?

Muss er erwähnen, dass er nach der Gastritis, die er schon hatte, als sie noch ein Paar waren, nach ihrer Trennung an einem ausgewachsenen, handfesten Magengeschwür gelitten hatte?

Durfte er ihr gestehen, dass er keineswegs nach ihrem, zugegebenerweise, miesen Abgang aus der gemeinsamen Wohnung einen Untermieter und schon gar nicht einen weiblichen aufgenommen hatte und mit derselben gleich eine Woche später eine leidenschaftliche Affäre angefangen hatte?

Und brächte es etwas zu erwähnen, dass er seit ihrem Auszug überhaupt gar keinen Sex mehr gehabt hatte? Weder mit der nicht vorhandenen Untermieterin, noch mit sonst einem menschlichen Wesen.

Fabian beschloss, die letzte Tatsache lieber zu verschweigen. Auch weil dies alles schon fast fünf Jahre zurücklag. Es machte bestimmt keinen guten Eindruck, wenn er so lange aus der Übung war. Allerdings ist es mit dem Sex wie mit dem Radfahren. Hatte Fabian in irgendeinem Buch gelesen.

„Der Autor wird es wohl wissen“, hörte er Christine lästern.

Was würde sie wohl sagen, wenn sie erführe, wie sehr er unter der Trennung gelitten und dass er ernsthaft in Erwägung gezogen hatte, aus dem Leben zu scheiden?

Auch diese, aus heutiger Sicht, absurde Gemütsbewegung wollte Fabian verschweigen. Es könnte ein unschönes Licht auf ihr Wiedersehen werfen.

Endlich. Der Zeiger der Uhr legte sich auf die verabredete Zeit. Aber von ihr war nichts zu sehen.

„Na wunderbar“, dachte Fabian mit einem Lächeln, „sie kommt zu spät, wie immer.“

Er nahm ihre Verspätung als ein gutes Zeichen.

„Es wäre ja möglich“, dachte er weiter, „dass sie selber die Ungerechtigkeiten anspricht, die sie mir angetan hat. Ich glaube, es wäre ein guter Zeitpunkt für einen Neuanfang.“

Die Bedienung stellte den fünften oder sechsten großen Milchkaffee vor ihm auf den Tisch. Fabian hatte nicht mitgezählt. Hoffentlich machte ihn das ungewohnte Koffein nicht noch nervöser als er schon war. Er macht die Probe mit der ausgestreckten Hand. Kein Zittern. Gut.

„Sie könnte wieder zu mir in unsere alte Wohnung ziehen, Platz genug wäre ja. Die Tapete bräuchte mal wieder einen frischen Anstrich, aber das ist ruckzuck gemacht.“

Zwanzig nach. Die Pünktlichkeit in Person war sie nie.

Vielleicht hatte sich Fabian im Café geirrt? Nein, ganz sicher war es hier. Hier war es auch, wo er sie vor einigen Monaten schon einmal gesehen hatte. Von draußen durch das Fenster. Im Vorbeigehen glaubte er, ihr Gesicht erkannt zu haben. Er ging zurück, beugte sich nach vorne an die Fensterscheibe, hielt die Hand wegen des Schattens auf dem Glas vor die Augen und versuchte, Genaueres zuerkennen. Er erkannte sie ganz deutlich. Ein Schreck durchfuhr ihn, und als hätte ihn jemand mit einer spitzen Nadel in den Hintern gepikst, schnellte er zurück und beeilte sich von dem Lokal wegzukommen, bevor sie ihn bemerken konnte. Für den Bruchteil einer Sekunde hatte Fabian einen anderen Menschen an ihrem Tisch ausmachen können. Es war ein Mann. War er sich fast sicher. Sie hielten Händchen, hatte er in dem kurzen Moment geglaubt zu erkennen.

Und nun saß er an demselben Tisch und konnte keinen von den Keksen auf dem Unterteller mehr essen. Hätte er nicht eine ausgeprägte Abneigung gegen Alkohol, er hätte jetzt gut einen Cognac vertragen können.

„Trinke nicht, wenn du es nicht verträgst“, sagte Christine immer. Sie konnte es auf den Tod nicht ausstehen, wenn jemand Alkohol trank und ab einem bestimmten Pegel sentimental oder aggressiv wurde. Fabian wurde sentimental. Deshalb ließ er die Finger vom Alkohol.

Langsam wurde Fabian unruhig.

„Hält sie mich zum Narren?“

Mit einem Schulterzucken beantwortete die Bedienung die viel zu laut an sich selber gerichtete Frage.

„Noch einen Kaffee, bitte, aber diesmal ohne Keks, danke!“

Fabian hatte abgenommen und, wie er fand, gerade im richtigen Augenblick. Der Zeitpunkt hätte in dieser Hinsicht nicht besser sein können. Mit seiner Selbstsicherheit stand es allerdings nach wie vor nicht so gut. Ein Grund für ihre Streitigkeiten.

Christine hatte ihre Mitte gefunden. Und er? Er stand fortan am Rand ihres Lebens.

„So etwas nennt man Standortverschiebung. Oder einfacher ausgedrückt, du hast deinen angestammten Platz in der Mitte ihres Lebens verloren und bist zu einer Randfigur geworden. Ein Bauer. Einer, der geopfert werden kann und muss, wenn ein Zug auf dem Schachbrett des Lebens es erforderlich macht.“

Diese schonungslose Analyse seiner Lage macht ihm damals Florian klar, ein langjähriger Freund von Christine. Sie hatten sich in einem Café, es war nach Fabians Meinung dasselbe, in dem er gerade saß, getroffen, weil Fabian Rat und vielleicht ein wenig Zuspruch suchte. Was Fabian zu diesem Zeitpunkt noch nicht wusste, war, dass Florian selber gerne die Mitte von Christine gewesen wäre. Aber er war Raucher, und Christine hatte aufgehört zu rauchen und konnte es nicht ertragen, wenn jemand in ihrer Nähe rauchte. So wurde auch nichts aus der Mitte für Florian. Dass Florian ihn bei dem Gespräch in dem Café nur über den Tisch, beziehungsweise von Christine fortziehen wollte, nahm Fabian ihm nicht mehr übel. Denn mit seiner Schachbretttheorie hatte Florian ja irgendwie recht.

Fabian war von ihr vom König über den Läufer zu einem Bauern herunter gestuft worden. Und sie war bereit, ihn zu opfern, und sie hatte ihn geopfert. Das war Fabian inzwischen klargeworden.

Was sie nun in ihrer neuen Mitte gefunden hatte, wusste Fabian nicht. Sie hatte es ihm, da er nicht mehr zu ihrem Mittelpunkt zählte, nie erzählt.

Und wie hatte er sich vorher bemüht, jede Richtung, die ihr Ego einschlug, mit- und nachzuvollziehen. So absurd ihre geistigen Verrenkungen auch waren, sich selber zu finden und ihre „Mitte.“

Aber dann war die Achse verschoben, und er war abgerutscht und konnte sich gerade noch am Rand ihres Lebens festhalten. Fabian klammerte sich an einen dünnen Strohhalm, um nicht ganz herauszufallen aus Christines Welt. Doch dann kam der Tag ihres Auszugs aus der gemeinsamen Wohnung.

„Vielleicht hat Christine jetzt wieder eine neue Mitte, und vielleicht bin ich diesmal wieder näher dran?!“ sagte er, aber die Bedienung wollte immer noch keinen Kommentar abgeben.

Eine dreiviertel Stunde war vergangen und der neue Strohhalm, auf den sich Fabian in den letzten Minuten geschwungen hatte, bog sich immer bedrohlicher, und die eiskalten Fluten der Realität kamen näher und näher. Fast tauchte schon seine Nasenspitze in die Wirklichkeit ein, und er erwog, sich zu erheben, um das Café zu verlassen, als die Tür aufging und ein leichter Lufthauch seinen Strohhalm wieder aufrichtete.

(Fortsetzung folgt)

Du bist immer in meinem Herzen!

Ich weiß, es klingt wie ein abgedroschener Schlager, aber dieses Gefühl lässt sich besser beschreiben als die Tatsache, dass du mich verlassen hast.

Du hast mich verlassen!

Na, in welche Schublade würdest du diesen Satz stecken? Realismus? Expressionismus? Am ehesten Neue Sachlichkeit. Oder so wie ich es nenne, ein großes Unglück? Wohl kaum, denn dann würdest du auch diesen Schmerz fühlen. Diesen unglaublichen Schmerz, der dir die Seele aus dem Leib reißt und in kleine Teile zerteilt und den Erinnerungen zum Fraß vorwirft, bis nur noch kleine Krümel da sind und die Vergangenheit sich satt gegessen hat und mit einem dicken Bauch auf dem Sofa liegt und der Schnaps die Wirkung zeigt, die ich hätte gebrauchen können, als du mir auf dem Bahnhof die Zeitung wieder in die Hand gedrückt hast.

„Ich habe sie schon gelesen, aber es ist nett, dass du sie mir noch besorgt hast. Ich werde dir schreiben, wenn ich angekommen bin."

„Telefoniere doch, ist doch heute nicht mehr so teuer", habe ich ihr geantwortet und hätte sie doch lieber anflehen sollen: „Bleib hier!"

Du bist immer in meinem Herzen!

Auch wenn es kitschig klingt, stimmt es. Es ist auch kitschig, zu einem Bild zu sprechen, auf einem leeren Schreibtisch in einem sonst leeren Zimmer. Dein Zimmer. Dein ehemaliges. Du hast alles, was Dir gehört und Du mitnehmen wolltest, eingepackt und vorausgeschickt. Aber nur die Sachen aus deinem Zimmer. Was du nicht mehr haben wolltest, hast du weggeschmissen. Wie das Bild, das nur noch durch Tesafilmstreifen davor bewahrt wird, vom Wind durch das offene Fenster fortgeweht zu werden. Ich habe deiner Theorie nie zugestimmt, die besagt, nach einem Abschied alles, was erinnert mitzunehmen oder zu zerstören. Außerdem warst du nicht konsequent. Die ganze Küche schreit vor Erinnerung an dich. Die Suppenschüssel vom Flohmarkt, das braune Messer, der große Topf mit den scheußlichen Blumen, den wir nur gekauft haben, weil wir nicht aus dem Laden gehen wollten ohne etwas zu kaufen. Ja gut, ich wollte nicht aus dem Geschäft, ohne etwas zu kaufen, nachdem du beinahe jeden Gegenstand im Laden mindestens zwei Mal in den Händen hattest und etliche Kartons vom Verkäufer hast aufreißen lassen, um dann jedes Mal nur stumm den Kopf zu schütteln.

Du bist immer in meinem Herzen!

Was soll das heißen? Ich habe kein Recht, mich deinen Wünschen zu widersetzen? Ist es nicht mein Recht, nach all den Jahren ein einziges Bild zu behalten, wenn auch eines aus der Mülltonne? Soll ich mich, wenn ich an dich denke, in die Küche stellen und die Suppenschüssel oder den Kochtopf angucken und zu ihm reden? Was glaubst du, wie lange wird es dauern, bis sie mich in die Klapsmühle einweisen? Und wie lange wird es dauern, den Schmerz zu überwinden. Kann ich das jemals? Bist du nicht die große Liebe meines Lebens?

Und wenn schon, muss man denn mit der größten Liebe seines Lebens zusammenleben? Es gibt viele Beispiele, wo Menschen geliebt haben ohne eine zeitliche und räumliche Nähe. Die Literatur ist voll davon. Auch das wahre Leben hat solche Geschichten geschrieben. Ich kann dich also auch aus der Ferne lieben, nur …

Du warst immer in meinem Herzen!

Du warst! Klingt schon so, als würde ich mich daran gewöhnen.

Wie das Leben so spielt

Die sprichwörtliche Goldwaage war mit Lianes Beteuerungen so überladen, dass sie fast in sich zusammenbrach. Wie das ganze Geflecht aus Lügen und Versprechungen, das ihre Beziehung zusammenhielt. Von ihrer Seite aus. Klausens Liebe war immer ehrlich, und er hätte sich keine andere Frau an seiner Seite vorstellen können. Bis ans Ende ihrer Tage.

Liane war zum Zeitpunkt dieser niemals endenden, vom Glück gesegneten Zweierbeziehung nebenbei noch verheiratet und traf sich zusätzlich mit einem Liebhaber, einmal in der Woche in dessen Jagdhaus. So stellte sie sich das hoffentlich noch weit entfernte Ende vor. In einer Viererbeziehung.

Weder Klaus noch ihr Ehemann wussten voneinander noch von dem Liebhaber. Dieser saß, sich köstlich über die beiden anderen amüsierend, in seinem Jagdhaus und rieb sich dienstags die Hände. Er kannte den Ehegatten Lianes und Klaus sogar von Angesicht zu Angesicht. Der eine war ein Geschäftspartner, der andere ein Angestellter seiner Firma. Seine zweite Geliebte, montags und freitags, gelegentlich auch einmal ein ganzes Wochenende, war wiederum mit einem Mann verheiratet, der viel auf Reisen war. Von dieser Dame und deren Ehemann wusste Liane ihrerseits nichts. Davon dass Lianes eigener Mann eine Geliebte hatte, an den Tagen an denen Liane bei Klaus war, wussten weder Liane noch der Liebhaber von Liane.

Lianes Wochenenden gehörten ihrem Mann. Klaus gab sie die Erklärung für die verplanten Sonnabende und Sonntage sowie Feier- und Urlaubstage, dass sie, neben ihrem Beruf als Physiotherapeutin, noch eine Weiterbildung machte und die

Zeit des Wochenendes zum Lernen brauchte. Die Mittwoche waren männerfrei. Liane brauchte auch einmal Zeit für sich und ihre Freundinnen. Dann hieß es immer zu ihrem Ehemann, dem Geliebten und Klaus: „Mittwochs bin ich ganz Frau!“

Nun begab es sich, dass Klaus eine andere Frau kennen lernte. Es passierte einfach so. Schwups, in einem Café am Nachbartisch fiel ein Brillenputztuch herunter und Klaus bückte sich eine Sekunde schneller, und in der nächsten Sekunde war er auch schon in die Trägerin der Weitsichtgläser verliebt. Bis über beide Ohren.

Es muss an dieser Stelle eingefügt werden, dass Klaus nicht der sprichwörtliche „Hecht“ im Karpfenteich war. Klaus hatte immer Schwierigkeiten, Frauen für sich zu gewinnen. Um Liane warb er ein ganzes Jahr. Angefangen mit Einladungen zum Kaffeetrinken, Mittag- und Abendessen, Kino-Theater-, Botanischer-Garten-Besuch und einer Tanzveranstaltung, die sich dann aber als eine Performance herausstellte. Neben dem Künstler wirkten mit: Ein Saxophonspieler, eine Stripteasetänzerin, ein Mann, der sich rhythmisch kunstvoll mit einem Baseballschläger selber auf den Kopf schlug, und als Höhepunkt wurde eine rituelle Schlachtung mit anschließendem Verzehr des Tieres, einem Schaf, vom Holzkohlengrill, vollzogen. Dazu wurde Kartoffelsalat, Weißbrot und ein trockener Rotwein gereicht. Zum Ende der Veranstaltung schrieb der Künstler mit dem Blut des Tieres die Worte: „Leckt mich alle am Arsch!“ Unterschrift: „Jesus“, auf eine vorbereitete sechs mal vier Meter große Leinwand.

Am Abend dieses Kunstgenusses gab Liane Klaus ihren ersten Kuss auf den Mund. Das war vor gut vier Jahren. Klaus hatte öfter von Heirat gesprochen, wurde aber immer wieder von seiner Freundin auf eine günstigere Konstellation, einem idealen Zusammentreffen der Sterne, das sich bestimmt bald abzeichnen würde, vertröstet.

Monika war ebenfalls unverheiratet und hatte zurzeit keinen Freund.

„Ehrlichkeit ist das Fundament einer glücklichen Beziehung. Sind Sie liiert?“ fragte die groß gewachsene Brünette geradeheraus und musterte Klaus über den Rand ihrer Gleitsichtbrille.

Warum Klaus langsam den Kopf schüttelte, erklärte er sich später mit ihren wunderschönen blauen Augen und dem sinnlichen Spiel ihrer kleinen Fältchen um ihre Mundwinkel.

„Ich kann Sie sehr gut leiden", schoss Monika das nächste, prall mit Erwartungen gefüllte Geschoß auf Klaus ab. „Ich hoffe, meine offene Art ist Ihnen nicht unangenehm. Ich habe Sie schon eine ganze Weile beobachtet und wenn Sie in Gedanken versunken sind und mit Ihrem Ohrläppchen spielen, ist das richtig süß. Aber", lehnte sich Monika in den Stuhl zurück, „glauben Sie nicht, dass es mir nur um Sex geht. Ich bin an einer wirklichen Partnerschaft interessiert."

Bei „Partnerschaft" fuhr sie mit der Hand über ihren Schenkel, und der ohnehin schon sehr kurze Rock rutschte noch weiter hoch.

Allein dieser Ausblick ließ Klaus vor seinem tiefsten Innerem schwören, dass er Single sei und vor ihr, vor Monika, keine andere Frau ihn so sehr angezogen hatte. Natürlich wollte er sie sofort heiraten und sieben Kinder mit ihr haben.

Nur, was machte er mit Liane?

Niemals konnte und würde er ihre Liebe und Treue enttäuschen.

„Ich halte aber nichts von pflichtbewusster Treue. Bei einer wirklichen Liebesbeziehung spielt das Vertrauen die größte Rolle. Ein ehrliches Ansinnen und eine Offenlegung der Kontakte ist unbedingt erforderlich. Und außerpartnerschaftliche, sexuelle Erfahrungen können die eigene Beziehung ungemein bereichern", hatte Monika Klaus eine Brücke gebaut, die, mit Beton gefestigt und durch Stahlträger verstärkt, praktisch nicht zum Einsturz gebracht werden konnte. Aber noch stand Liane auf seiner Seite der Brücke hinter ihm und zu Monika auf der anderen, hatte er schon herüber gerufen, dass er keine Freundin hätte.

Die so stabil geglaubte Brücke begann zu wanken.

„Meine Freundin ist vor einem Jahr gestorben", machte sich Klaus zum Witwer ohne Trauschein. Das Gesicht, das er auflegte, spiegelte ein Jahr voll Trauer und Schmerz. Aus dem

Gesicht Monikas wich jegliche Farbe. „Ich bin ja ein Scheusal“, strafte sie sich symbolisch, in dem sie ihren Rock wieder ein Stück weiter herunterzog als für die Blicke anderer notwendig. „Da spreche ich von Beziehung und Sex und Sie leben in Trauer.“ Sie wollte sich erheben und beschämt das Café verlassen.

„Aber ich bin ja schon fast darüber hinweg, und Ihre Nähe tut mir gut, ich schöpfe Hoffnung auf ein neues Leben“, hielt Klaus Monika an ihrer Handtasche fest.

„Ich schäme mich so!“ ließ sich die verstörte Frau durch den Druck von Klausens Hand dazu bewegen, sich wieder auf den Stuhl zu setzen und den Milchkaffee doch noch auszutrinken. Den Keks auf dem Unterteller ließ sie unberührt, das Knuspern der Krümel hielt sie in diesem Augenblick für unpassend.

„Sie müssen mich ja für ein männerverschlingendes Monster halten, Sie Armer“, schwebte die milchkaffeegewärmte Hand zu Klausens Wange und streichelte sie.

„Ihre Nähe tut mir gut“, wiederholte der arme Witwer in mangels einer Idee, was er noch in dieser Situation erwidern könnte.

Als er nach rechts und links sah, bemerkte er, dass er mitten auf der von Monika entworfenen und gebauten Brücke stand. Hinunter mochte er nicht sehen. Womöglich läge in der Tiefe der zerschmetterte Leichnam Lianes.

„Wie ist denn Ihre Freundin zu Tode gekommen? Wenn ich fragen darf. Aber wenn Sie nicht darüber sprechen möchten …“

„Sie ist von einer Brücke gestürzt.“

„O nein, wie schrecklich!“, schlug Monika die milchkaffeegewärmten Hände vor ihr Gesicht.

Die anderen Gäste schauten zu den beiden. Instinktiv wussten sie, dass etwas Schreckliches im Raum stand. Und auch bei Monika keimte ein erster Verdacht, dass sie ein wenig auf ihrem Stuhl von Klaus abrückte.

„Sie hatte eine unheilbare Krankheit, und um mir ein langes Leiden an ihrer Seite zu ersparen, ist sie in den Freitod gegangen, beziehungsweise gesprungen. Am Lurnetal, von der A 31.“

Die Präzisierung der Fortbewegungsart für die Selbsttötung und die Ortsangabe des Endgültigen, so dachte Klaus, würde den Moment unglaubwürdiger machen, aber die Tränen, die Monikas Blick in diesem Augenblick trübten, rissen jede Skepsis in einem reißenden Strom der Anteilnahme mit sich fort. Nur den Mann in den Arm nehmen und ihn drücken und mit der Wärme ihres Busens sein schweres Schicksal lindern, war ihr einziger Gedanke.

Und Klaus ließ sie gewähren.

Dass sich in dieser Schicksalssekunde das Schicksal mit Fortuna überworfen hatte und das Glück sich zu Klausens Nachteil schmollend in die Abstellkammer des Cafés oder auf die Herrentoilette zurückgezogen hatte, konnte man getrost als Pech bezeichnen.

Denn der lebende Leichnam Lianes spazierte in dieser Sekunde putzmunter Arm in Arm mit einem anderen Lebewesen an der großen Fensterscheibe des Cafés vorbei. Klaus traute seinen Augen nicht, weniger, weil seine Freundin noch unter den Lebenden weilte, vielmehr darüber, dass das andere lebendige Wesen in ihrem Arm Herr Frohlocke, sein Chef, war.

Dass sich seine Freundin gerade vor Lachen, offensichtlich über einen Witz des Herrn Frohlocke ausschüttete, schützte Klaus, am Busen Monikas hängend, vor Entdeckung. So presste er sein Gesicht noch tiefer in die weiche Weiblichkeit und verband das Rettende mit dem Angenehmen. Monika ließ einen leichten Seufzer vernehmen.

Nach einer angemessenen Wartezeit mit Seufzern und Stöhnen, entschied sich Klaus, einen Rundblick zu nehmen und konnte so gerade noch sehen, wie Liane mit seinem Chef um eine Hausecke verschwand.

„Das war knapp“, sagte er leise vor sich hin.

„Was meinst du?“ machte Monika ein fragendes Gesicht.

„Na, beinahe, hätten wir uns vergessen“, leuchtete der jungen Frau jetzt der Ausspruch ihres Gegenüber ein, als sie die mehr oder weniger irritierten Gäste um sich sah.

„Gehen wir zu dir oder zu mir?“, leitete Monika den nächsten, folgerichtigen Schritt ein.

Bei aller erotischen Anziehungskraft von Monikas Sexappeal war Klaus jetzt nicht in der Lage, einen Seitensprung zu unternehmen. Was hatte Liane mit Herrn Frohlocke am Vormittag auf dem Marktplatz, Händchen haltend und über einen Witz seines Chefs lachend, zu suchen?

„Die Erinnerung an deine verstorbene Freundin ist noch zu frisch, ich verstehe", ordnete Monika ihre Bluse und den wieder hochgerutschten Rock. „Wir sollten vielleicht heute Abend ein Glas Rotwein trinken und uns noch besser kennenlernen", schlug sie vor, ganz fasziniert, dass sie es auch einmal mit einem Witwer zu tun hatte, wenn auch einen ohne Trauschein.

„Ich mach uns ein Pilzragout. Du magst doch Pilze? Möchtest du Kartoffeln oder Klöße? Klöße zu Pilze sind nicht jedermanns Sache, aber ich finde, der Teig saugt so schön die Soße auf", schmatzte die Köchin und Klaus lief das Wasser im Mund zusammen.

Er fand die Idee großartig, ließ sich Monikas Adresse auf einem Zettel notieren und verließ recht fluchtartig, wie Monika fand, das Café.

„Ich werde ihm seine Lebensfreude schon wiedergeben", zwinkerte sie dem Kellner zu, der noch einen Milchkaffee auf den Tisch stellte.

Klaus hatte sich an die Fersen Lianes und seines Chefs geheftet. In der Fußgängerzone spürte er sie auf, schlich mal an der rechten, mal an der linken Häuserfront vorbei und folgte ihnen in das Kaufhaus, das gerade mit Sommersonderpreisen für Wintersportartikel die Käufer anlockte.

„Liane will doch wohl nicht mit mir in den Wintersport fahren und sucht nun als Überraschung mit Herrn Frohlocke die passenden Skistiefel für mich aus? Dieselbe Schuhgröße könnten wir haben", erklärte Klaus sich selber halblaut den Besuch seiner Freundin mit seinem Chef im Kaufhaus. „Wir sind fast gleich groß."

Dabei hatte Klaus überhaupt nichts mit Winter, Schnee und lustigem Hüttentreiben im Sinn. Vom Skifahren ganz abgesehen.

„Sie sollten aber unbedingt einen Skikurs belegen und vorher ordentlich Ihre Muskeln trainieren“, gab der Verkäufer, der Uhren zum halben Preis anbot, Klaus diesen guten Rat. Dass er ein Mikrophon benutzte, um auch noch weiter entfernte Kunden auf sein einmaliges, nur an diesem Tag gültiges, Angebot aufmerksam zu machen, hatte er nicht bedacht und so hörte fast die gesamte untere Etage mit. Auch Liane und Herr Frohlocke wandten sich nach der Stimme um und Klaus konnte gerade noch einen modischen Herrenhut vom Ständer nehmen und sich so vor Entdeckung verbergen.

Zu Klausens Erleichterung einerseits gingen die beiden Verfolgten nicht in die Wintersportabteilung und zu seinem Erschrecken andererseits nahmen sie im Bistro Platz und sein Chef legte seine auf die Hand von Liane.

Welcher Geist Klaus ritt, dass er zurück in die Abteilung für Hüte lief, den schon kurz getragenen Hut käuflich erstand, dazu in der Nachbarabteilung eine getönte Sonnenbrille und im zweiten Stock einen leichten Sommermantel kaufte, sich mit diesen typischen Utensilien eine Detektivs tarnte und am Nachbartisch von Liana und seinem Chef mit einem Glas Mineralwasser Platz nahm, konnte er später nicht mehr erklären.

„Dein Mann ist doch ein riesengroßes Rindvieh und die Dummheit deines Freundes schlägt ja wirklich dem Fass den Boden aus“, lachte Herr Frohlocke. „Ich frage mich, wie er seine jetzige Position in meinem Betrieb erreichen konnte.“

Da Klaus Lianes Gesicht in seinem Rücken nicht sehen konnte, hoffte er inständig, dass sie nicht die Augen verdrehte. So reagierte sie immer, wenn sie zu irgendetwas ihre Zustimmung gab.

„Wie süß du bist, wenn du deine Augen verdrehst.“

Klaus sackte in sich zusammen.

„Klaus ist nur ein kleiner Klecks in meinem farbigen Leben“, flötete Liane ihren Liebhaber an, „du bist meine farbenfrohe Palette. Du lässt mich in den schönsten Tönen leuchten.“

„Und dein Mann?“, fragte der Maler.

„Er ist ein bunter Strauß, der mich ab und zu erfreut.“

Klaus hatte den Wunsch, der Boden unter ihm möge sich auftun und ihn verschlingen. Was immer da unten auf ihn wartete. Oder sollte er stattdessen aufstehen, sich umdrehen und seine Tarnung lüften? Aber was, wenn Liane kalt blieb? Und auch sein Chef hatte keinen Grund, zitternd um Vergebung zu bitten. Schließlich war der der Kunstmaler und er selber nur ein kleiner Klecks.

Ohne seine Identität zu lüften erhob sich Klaus und verließ mit tief in das Gesicht gezogenem Hut das Bistro. Die Sonnenbrille verbarg seine Tränen.

Hier endet die Geschichte – noch nicht ganz.

Vor dem Kaufhaus wartete der Betrogene. Dass er einem Komplott aufgesessen war, stand jetzt für Klaus fest. Nun wollte er nur noch wissen, wie weit der Betrug ging und eine günstige Gelegenheit abpassen, Liane die Meinung zu sagen. Doch dazu sollte es nicht mehr kommen. Alles Weitere ist schnell zusammengefasst:

Liane und sein Chef unternahmen eine Spritztour mit dem Wagen. Klaus folgte ihnen in seinem Auto in gebotenem Abstand. Auf der Autobahnbrücke über das Lurnetal stoppte Klausens Chef auf dem Seitenstreifen. Klaus überholte und parkte auf dem Rastplatz wenige Meter von der Brücke entfernt. Die herrliche Aussicht über das Lurnetal nutzen noch andere Autofahrer zu einer Rast. Auch die Sicht auf die Brücke war von hier aus einzigartig.

Man sah einen Mann, der damit beschäftigt war, einen Reifen an seinem Wagen zu wechseln. Dann eine Frau die sich auf das Geländer lehnte. Sie zog sich hoch, um noch besser hinunter zu sehen.

„Hallo, hallo!“ riefen Menschen von der Aussichtsplattform hinüber zur Brücke und zeigten auf die Warnschilder, die vor dem Betreten des Bauwerks warnten. „Vorsicht, es wehen heftige Böen, es ist lebensge …“

Ein langer, jäher Schrei folgte und verstummte irgendwo in der Tiefe.

Am Abend, nach dem Pilzragout, auf der Couch mit Kerzenschein und Wein, überkamen Klaus immer wieder Gedanken, wenn er an das Ende seiner Frau dachte.

Monika hatte volles Verständnis und tröstete ihren Klaus über seinen Schmerz hinweg.

GEMISCHTES 5

Das Leben ist nicht leicht

Ahh", entspannte sich die vollautomatische Schiebetür aus Glas und wandte sich an die Tür zum Personaleingang: „Endlich Feierabend. Dieses Auf und Zu den ganzen Tag ist doch sehr anstrengend. Da haben Sie es doch leichter im Leben."

Die Personaltür war da ein wenig anderer Meinung. „Sie können wenigstens nicht klemmen und quietschen, wenn das Öl in den Scharnieren alle ist. Und glauben sie, es ist angenehm wenn man bei jedem Eintritt durch meinen Rahmen mit Füßen getreten wird? Sehen Sie nur mal die vielen schwarzen Fußabdrücke an meiner Unterseite. Kein Mensch bemüht sich mehr um mich und zieht meine Scharniere nach, dass ich nicht so klemme. Nein, nein, es ist einfacher, mit dem Fuß nachzuhelfen."

Die vollautomatische Schiebetür aus Glas im Eingang des Supermarktes hatte nicht die geringste Lust sich zum Feierabend die Klagen ihrer Gattung anzuhören. Das Quietschen nervte sie schon den ganzen Tag. „Was denken Sie, wie es auf die Muskeln geht, ständig die Flügel auseinanderzudrücken. Und dann kommen so ein paar freche Gören und machen sich einen Spaß daraus, mich obendrein noch am Zugehen zu hindern. Halb auf, halb zu, halb auf, halb zu! Glauben Sie ein Mitarbeiter schreitet da mal ein? Nein, die Freiheit der Menschen geht über alles. Auch über Türen."

Natürlich wusste die vollautomatische Schiebetür, dass es ein wenig ungerecht von ihr war und dass es für so eine verbeulte Stahltür auch nicht leicht war. Man rempelte sie mit

Getränkekisten an, klebte kleine Merkzettel auf ihre Haut und ab und zu auch einen von diesen ekligen Klebestreifen, die so entsetzlich schwer abgingen. Die vollautomatische Schiebetür aus Glas wusste, wovon sie sprach, denn sie selber war aus Teilen solch einer Personaltür recycelt worden. Sie wollte der nahen Verwandten eine Freude machen und Dinge aus ihrem jetzigen Leben erzählen, erzielte aber damit bei der Personaltür nur das Gegenteil. Hörten sich die folgenden Sätze für sie doch auch nur wie ein Gejammer an: „Ich werde regelmäßig von einem Hund angepinkelt. Ja, das ist nicht schön. Der Ring an dem dieser Hund festgemacht ist, ist genau neben mir an der Wand befestigt. Das Vieh hebt mit regelmäßiger Absicht sofort das Bein und pinkelt mich an. Es ist immer derselbe Köter. Und wenn es draußen regnet, was denken Sie wie ich dann aussehen. Ich bin dann auch nicht mehr makellos. Hallo, was sagen Sie? Hallo!?“

Die Personaltür antwortete nicht. Die Angestellten hatten beim hinausgehen die Alarmanlage eingeschaltet und nun rührte sich die Tür nicht mehr.

Leise brummelte die vollautomatische Schiebetür aus Glas vor sich hin: „Als ob das Ding nicht mehr reden könnte, wenn die Alarmanlage eingeschaltet ist. Blödsinn. Das Ding ist einfach beleidigt. Na, der werde ich morgen mal ganz gehörig die Meinung sagen. So ein ungehöriges Stück Stahl!“

Erfinder leben gefährlich

Professor Wadenbruch telefonierte und teilte mir mit, dass er die Formel für die unzerstörbare Bügelfalte gefunden hatte. Endlich. Wie viele Jahre er an dieser Rezeptur geforscht hatte, wollte er nicht sagen. Es müssen viele Jahre gewesen sein.

Professor Wadenbruch hat schon viele bahnbrechende Erfindungen erfunden. Zum Beispiel die Maschine zur Herstellung von Schlagsahne, halten Sie sich fest, ohne Milch! Und die wieder bedruckbare Plastiktüte und ein Ding, was man benutzt, wenn der Stuhlgang nicht so will wie der Mensch möchte.

„Diesesmal“, verriet mir der Professor am Telefon, „könnte es mir allerdings an den Kragen gehen!“

„Ihren Kragen?“, verstand ich nicht sofort. „Meinen Sie den weißen Kragen, den Sie neulich erfunden haben und der niemals schwarz wird?“

„Nein, ich meine, es könnte mich mein Leben kosten.“

Das war keine gute Neuigkeit. Erstens ist es nicht schön, sein Leben zu verlieren, aber noch schlimmer ist es, einen Gesprächspartner am Telefon entbehren zu müssen, der einem von neuen Erfindungen berichtet.

Ja, es ist wahr, ich habe Professor Wadenbruch nie persönlich kennen gelernt. Und auch keine seiner Erfindungen habe ich mit meinen Augen gesehen. Dass nie eine Erfindung von Professor Wadenbruch auf den Markt und in den Handel und so zum Endverbraucher gekommen ist, liegt daran, dass Interessenverbände die Veröffentlichung untersagt haben. So hat er mir erzählt. Eigentlich war es so, das dem Professor immer viel Geld angeboten wurde, damit er seine Rezepte und Formeln in der Schublade seines Schreibtisches verschwinden ließ. Auf Nimmerwiedersehen. Hat er erzählt. So ist der Menschheit der aufblasbare Wagenheber entgangen. Die Menschheit macht sich ja keine Vorstellung, wie viel Platz sie in ihren Automobilen dazugewonnen hätte.

Wenn Sie mich so genau fragen, könnte es natürlich gut sein, das es Professor Wadenbruch gar nicht gibt. Es ist durchaus möglich, dass ich einem Spinner aufgesessen bin, der mir nur Unfug am Telefon erzählt. So auch von der unzerstörbaren Bügelfalte und dass sein Leben bedroht war. Im Grunde, wenn ich zurück blicke, war bei jeder Erfindung des Professors sein Leben in Gefahr. Dann rief er zwei oder drei Tage später an und teilte mir erleichtert mit, das er die Sache regeln konnte und noch am Leben sei. Auch wäre wieder eine verteufelt hohe Summe geflossen. Was sollte er sich da beklagen? Aber natürlich, der Stolz des Erfinders leide doch ganz erheblich darunter. Und nur ab und zu, wenn er in seiner prächtigen Villa mit zwanzig Zimmern und Blick auf das Meer auf der Liege im Garten sich den Rücken von einer hübschen Blondine massieren lässt und von einer anderen gekühlte Getränke serviert bekommt, kann er den Schmerz so einigermaßen verdrängen.

Nach dem letzten Telefonat mit Professor Wadenbruch musste ich zwei meiner Hosen von der Reinigung abholen und siehe da, die Bügelfalte war mal wieder nicht exakt gebügelt. Mit Wehmut dachte ich an die Rezeptur des Professors und wie einfach es wäre, eine Hose zu haben denen die Büglerin in der Wäscherei nichts anhaben könnte. Überhaupt schien mir diese Wäscherei eine zu sein, die den mächtigen Interessenverbänden angehört, die dem Professor für die Rezeptur viel Geld bezahlt hatten. Und dass es mein Geld war, das dafür verwendet wurde, ärgerte mich besonders.

Ich bin ja nur gespannt wenn der Professor endlich für seine neue Kaffeemaschine die richtige Konsistenz der Bohnen zusammen hat. Dann soll man nämlich, hat mir der Professor am Telefon schon mal verraten, mit zwei, drei Kaffeebohnen, eine ganze Kaffeekanne aufbrühen können. Da kann sich die Kaffeelobby schon mal warm anziehen!

Blick in die Welt

Zwischen den Stängeln der Blumen und den sich im Wind wiegenden Grashalmen, mit den sich daran festklammernden Insekten verschiedenster Gattung und Art, sehe ich hinaus in die Welt.

Auch wenn dies nur auf dem Bauch liegend geschieht und so die Dinge, die auf der Erde wichtig und unbedingt beachtenswert sind, wahrscheinlich nur in einer ungenügenden Perspektive wiedergegeben werden, habe ich doch das Gefühl glücklich zu sein. Ich würde sagen: Ich liebe das Leben.

Es ist ein wirklich schöner Platz.

Ich mochte mich gar nicht mehr erheben und hören und sehen und verstehen. Verstehen, warum dieser König Gesetze erließ, die dem einfachen Volk das Recht auf genügend Speis und Trank verwehrten, den gelehrten Herren das Maul verbat, darüber zu sprechen und mir ein Gefühl verschaffte, dass sich mir unaufhörlich mein Magen umdrehte.

So blieb ich liegen.

Wenn ich mich recht entsinne, liege ich schon eine ganze Weile in dem duftenden frischen Gras mit seinen bunten Blumen und seinem Getier.

Es könnten zweihundert Jahre sein. Oder zweitausend?

Jedesmal, wenn ich meinen Kopf hebe, um nachzusehen, ob irgendjemand über die Wiese läuft, sind Jahre verstrichen.

Ein Mädchen, das mit einer Sense in der Nähe meines Lagers Futter für die Tiere mähte, erzählte mir von einem Aufstand der Bauern.

Ich muss sagen, sie gefiel mir ausnehmend gut. Ich fragte sie, ob sie sich für eine oder zwei Stunden zu mir legen würde. Aber sie lehnte ab. Sie hatte einen Freund, der auf sie wartete. An der großen Eiche, die vor ihrem Dorf auf einer anderen Wiese stand.

Auch ich habe einmal auf so ein hübsches Mädchen an einer Eiche gewartet. Sie ist nicht gekommen.

Dann stapfte ein junger Bursche über die Wiese und berichtete von einem Kampf hochherrschaftlicher Ritter, der hinter dem Berg stattgefunden haben soll, der geradewegs in meinem Sichtfeld liegt. Ich mag diesen Berg, er strahlt Ruhe aus und vermittelt mir den Eindruck, dass die Zeit nicht vergeht. Und doch: Eine alte Frau, die Kräuter sammelte, erschrak erst heftig über mich, als sie mich so unerwartet vor ihr liegen sah, lachte dann aber doch über mein freundliches Wesen. Sie klagte über eine Krankheit, über die Pest, die sich im Land ausbreitete. Ich sollte auf jeden Fall liegenbleiben. Riet sie mir. So könnte ich mich am besten vor Ansteckung schützen. Sie selber hatte keine Angst vor dem schwarzen Tod. Sie sei schon alt. Aber die Jüngeren müssten doch sehr leiden.

Eine Schlacht mit Kanonen und Reiterei, mit Trommlern und Feldsoldaten tobte unmittelbar vor mir. Hätte ich meinen Arm ausgestreckt, hätte ich die Toten und Sterbenden berühren können. Dann verdunkelte sich die Szene vom Pulverdampf.

Auch die Nachrichten von einer Revolution erreichten mich und auch die einer Wahl eines Parlaments.

Dies alles ist lange her.

Auch der König mit den ungerechten Gesetzen ist lange vergangen, wenn auch nicht vergessen.

Ich glaube, die Welt ist besser geworden.

Ich sollte meinen Kopf heben und wieder einmal nachsehen.

Vielleicht kommt so ein hübsches, junges Mädchen auf meine Wiese und mäht Gras für die Tiere?

Abgedruckt im Nov.2010 in der Zeitschrift „Dichtungsring“

NOCH MEHR GESCHICHTEN AUS DEM NÄHKÄSTCHEN

7. Das Ende der Welt

Ein Schatten legte sich über das Nähkästchen. Die Stricknadel hatte gerade ihre Morgengymnastik beendet und war selber überrascht, wie biegsam sie noch war. In diesem Moment ergoss sich über das Nähkästchen eine übelriechende braune, klebrige Flüssigkeit.

Die Stricknadel rief so laut sie konnte, um die anderen Bewohner des Nähkästchens zu warnen. Aber da gestern bis spät in die Nacht das Fest der Einführung von sechs Wäscheknöpfen in die Gemeinschaft im Nähkästchen gefeiert wurde, schliefen die Bewohner noch.

So wurden nicht wenige von der ekligen Flüssigkeit überrascht.

„Das ist das Ende, das ist das Ende!“ schrie der Fingerhut hysterisch. „Das ist das Ende der Welt!“ Für ihn stellte sich das Ende allerdings auch sehr nahe dar, da die braune Flüssigkeit schon fast drei Millimeter in ihn gelaufen war.

„Es ist nicht das Ende, es ist Cola!“ Ein Jeanshosenknopf versuchte, die aufgeregten Bewohner zu beruhigen. Mittlerweile war das ganze Nähkästchen auf den Beinen und jeder versuchte, sich und andere vor dem braunen Saft zu retten. Alle sprachen und riefen wild durcheinander. Bis in die hinterste Ecke des Kästchens war die Flüssigkeit gelaufen. Nicht wenige Bewohner waren verschmutzt. Besonders herzzerreißend war der Anblick einer Gruppe von Stecknadeln, die durch die klebrige Flüssigkeit aneinander hafteten.

„Beruhigt euch, es ist nur Limonade. Sie schadet uns nicht. Ich weiß, wovon ich rede!“, rief der Jeansknopf.

„Sie schadet nicht? Sieh mich an, ich bin fast vollgelaufen. Und die Stecknadeln tanzen wohl auch nicht gerade freiwillig so eng miteinander“, wandelte sich das hysterische Schreien des Fingerhuts in blanken Sarkasmus.

„Ein wenig Wasser, und es wieder alles gut.“

Die Stricknadel, die selber einiges von dem braunen Saft abbekommen hatte, unterstützte den Jeanshosenknopf in seinem Bemühen, für Ruhe zu sorgen: „Lasst den Knopf doch mal erzählen. Ruhe, Ruhe, seid still!“

Das Stimmengewirr legte sich, und es kehrte Ruhe ein.

„Du hast gut reden“, schimpfte der Fingerhut, „Du lässt dich von einem alten Lumpen aus dem Untergeschoß einmal abwischen, und schon bist du wieder sauber. Aber ich, sieh nur mal in mich hinein. Und wie das stinkt!“

Ein leiser Protest kam aus der untersten Etage des Nähkästchens herauf. „Wir sind Stoffflicken, wir sind keine Lumpen.“

Der Jeansknopf trat unvermittelt an den Fingerhut heran, und mit einer unerwarteten Bewegung stieß er den Fingerschutz um. Der Hut rollte ein kleines Stück und die Flüssigkeit lief aus ihm heraus.

Der Gefallene rappelte sich auf und blickte voller Überraschung auf den Jeanshosenknopf. „Was, was…“, stotterte er, „was hast du getan? Wie kommst du dazu, mich einfach umzuwerfen?“

„Sei doch froh, dass der Knopf diese Idee hatte, so bist du das Zeug los und mit ein wenig Stoff bist du auch wieder wie neu.“ Die Stricknadel konnte den meckernden Fingerhut nicht verstehen. Aber dieser war beleidigt und drohte dem Jeanshosenknopf sogar mit Konsequenzen. Wie diese aussehen sollten, dazu sagte der blecherne Bewohner des Nähkästchens nichts.

Die Schneiderkreide bat ums Wort. Sie war schlimm von der braunen Flüssigkeit in Mitleidenschaft gezogen worden. Dass eine vorlaute Stopfwolle die Kreide mit einer gescheckten Kuh verglich, wurde von der alten Schneiderschere mit einer disziplinarischen Strafe bedacht. Die Stopfwolle wurde für eine Woche hinunter in die tiefste Etage zu den Lumpen geschickt. (Ähh, Entschuldigung, zu den Stoffflicken)

„Ach, es ist nicht so schlimm“, beruhigte die Schneiderkreide die mitfühlenden Blicke, „ein wenig Abrieb und ich bin wieder die alte. Was ich allerdings sagen wollte ist, dass wir den Jeansknopf fragen sollten, woher er seine Informationen hat, dass dieses klebrige Zeug nicht gefährlich ist?“

Allgemeine Zustimmung machte sich im erneuten Anschwellen der Reden bemerkbar. Die Stricknadel rief erneut zur Ruhe auf. Dann konnte der Jeansknopf reden: „Wie einige von euch wissen, stamme ich von einer Hose. Genauer gesagt, lebte ich früher an einer Jeans.“

„Sogar an einer Markenjeans!“, rief eine Sicherheitsnadel dazwischen.

Dem Jeansknopf war dies Bemerkung sichtlich peinlich. Umso mehr, da er von dieser Jeans abgegangen war und die vorlaute Sicherheitsnadel ihn für einige Zeit ersetzt hatte. Dass ein ganz gewöhnlicher Hosenknopf dann an seiner Stelle die Hose verschlossen hatte, trug auch nicht zum Selbstbewusstsein des Jeansknopfes bei. Aber Jeansknöpfe sind nun einmal anfällig für diese Art von Unfällen. Dass er im Grunde keine Arbeit mehr an einer Hose finden würde und den Rest seines Lebens unter anderen Knöpfen sein Gnadenbrot bekam, nagte in stillen Stunden an seinem Gemüt. Nun aber konnte er der Gemeinschaft, die ihn so bereitwillig aufgenommen hatte, erklären, was das für ein brauner Saft gewesen war, der das Nähkästchen so verschmutzt hat.

„Die Götter nennen es *Erfrischungsgetränk* mit der Bezeichnung *Cola*. Es ist der Nektar der Götter. Damit erhalten sie ihre Kräfte. Besonders die jungen Götter laben sich an dieser *Cola*. Ich habe oft genug gesehen, wie sie es zu sich nehmen. Durch lange Röhren saugen sie die *Cola* auf. In dem Nektar schwimmen riesige Berge aus Eis.“

Die umstehenden Kurzwaren hörten mit offenstehenden Mündern zu.

„Das hast du alles gesehen?“

„Mit meinen eigenen Augen.“

„Und woher weißt du, dass dieses *Cola* ungefährlich ist?" Der Fingerhut war weiter misstrauisch. Was konnte schon so ein abgehalfterter Jeansknopf wissen. Zu seiner schlechten Laune kam auch noch das Jucken hinzu, das der trocknende Nektar auf seinem Metall verursachte.

„Ich bin selber einmal mit der *Cola* in Berührung gekommen. Durch eine Unachtsamkeit des Gottes, der mich benutzte, lief von der Flüssigkeit etwas über die Hose und auch ich bekam eine gehörige Portion ab. Aber durch ein Bad in der großen Trommel wurde ich wieder vollständig gereinigt und sauber."

„Die große Trommel?" bekam eine junge Nähgarnrolle ihren Mund vor Staunen gar nicht mehr zu. Schon ganz trocken im Hals musste sie ein paar Mal schlucken.

„In der großen Trommel waschen die Götter ihre Kleidung. Früher taten sie es mit der Hand. Heute geht man als Kleidungsstück für eine Stunde in die große Trommel und ist anschließend gereinigt. Das ist viel schonender als in den früheren Waschzubern und mit Waschbrett."

Ein kleiner Teelöffel, der vor einiger Zeit aus Versehen in das Nähkästchen gelangt war, bestätigte die Erzählung des Jeanshosenknopfs.

„Für meine Familie gibt es auch eine Trommel. Sie ist, so weit ich weiß, kleiner als die große Trommel für die Wäsche, aber dort werden auch wir gereinigt. Zusammen mit den Tellern und Tassen."

„Kann es sein, das wir uns kennen?", sah sich der Jeansknopf den Teelöffel genauer an. „Ich glaube, du warst einmal mit mir zusammen in der großen Trommel."

Der Teelöffel stutzt und betrachtete seinerseits den Jeanshosenknopf. „Ja, jetzt wo du es erwähnst, erinnere ich mich. Es war, bevor ich in das Nähkästchen gekommen bin. Ich steckte in einer Hose und wurde irrtümlich mitgewaschen."

„Das war meine Hose", lachte der Jeansknopf.

„Danach hat mich die große Göttin in das Nähkästchen gebracht. Das ist aber schön, dass wir uns hier wiedersehen", freute sich der Teelöffel aufrichtig. Auch der Jeansknopf freute sich, einen neuen Freund gefunden zu haben. Die

Freude währte allerdings nicht sehr lange, da der Teelöffel von der großen Göttin bald wieder zu seiner Familie in den Besteckkasten zurückgebracht wurde.

„Also, was sollen wir jetzt tun?“, fragte die alte Schneiderschere. Sie wurde langsam ungeduldig. Nektar hin, Nektar her, das Zeug begann ihre Beweglichkeit einzuschränken. Mühsam klapperte sie, um nicht ganz zu verkleben.

„Wir müssen nur abwarten, bis die große Göttin unser Unglück bemerkt und uns herausholt und saubermacht.“

„Steckt sie uns dann in die große Trommel, von der du erzählt hast?“, fragte ein zweilöchriger Knopf besorgt.

„Nein, ich glaube nicht. Wir werden alle nur geputzt, mit Wasser abgerieben und getrocknet. Das tut nicht weh.“

„Ein völlig neues Lebensgefühl“, strahlte und blinkte der Fingerhut, als sei er gerade der Metallpresse entstiegen. Auch die Schneiderkreide leuchtete in einem Weiß, dass ihr schon beträchtliches Alter nicht mehr zu erkennen war. So wurde ihr auch gleich von einer Rolle Nähseide, die neu ins Nähkästchen kam, der Hof gemacht.

Es roch so herrlich frisch und aufgeräumt, dass es eine Wonne war, den Bewohnern bei ihrem Treiben zuzusehen. Das Garn war aufgerollt, die Nähnadeln nach Größe akkurat in ihrer Plastikschale platziert, und der Stopfpilz lachte lustig aus seinen weißen Fliegenpilzpunkten. Sogar die Lump …, die Stoffflicken, waren gelüftet und ruhten ordentlich übereinander gestapelt in ihrer untersten Schublade.

Der Jeansknopf hatte Recht behalten. Kurz nach dem Aufruhr wurde das Nähkästchen von der großen Göttin in allen Einzelheiten sauber gemacht.

Laut Bericht der Stopfnadel, die für eine Arbeit aus dem Kästchen geholt wurde und die Zeugin eines Gesprächs der Götter untereinander wurde, war der kleine Gott für das Geschehen verantwortlich. Er hatte absichtlich den braunen Saft in das Nähkästchen laufen lassen.

„Er fand es lustig!“ schloss die Stopfnadel ihren Bericht ab.

„Er fand es lustig?“ schüttelte die Schneiderschere den Kopf. „Mich würde es nicht wundern, wenn es eines Tages einen Aufstand gegen die Götter im Nähkästchen geben wird“, sagte die konservative Schere. „Die Zeiten werden immer schlimmer!“

Die Stopfnadel wusste noch zu berichten, dass die junge Gottheit für ihre Tat mit einem Ausgehverbot bestraft wurde.

So hatte die Gerechtigkeit im Universum der Kurzwaren doch noch gesiegt, und so fand das normale Leben in das Nähkästchen zurück.

Nur der Jeansknopf kehrte nach der großen Säuberungsaktion nicht mehr in das Nähkästchen zurück. Die große Göttin hatte ihn, da er in ihren Augen nichts mehr nützte, in den Mülleimer geworfen.

„So bitter kann das Leben sein“, philosophierte der Fingerhut. Obwohl anfangs gehasst, hatte sich der Fingerschutz dann doch an der welterfahrenen Erzählkunst des jungen Knopfes erfreut. „Wenn dieses Unglück mit der *Cola* nicht geschehen wäre, wäre der Jeansknopf vermutlich noch lange in unserem Nähkästchen geblieben. Schade.“

8. Tod eines Stopfeis

Ein gellender Schrei schreckte die Bewohner des Nähkästchens auf. Außer die Stoffflicken, die ließen sich mal wieder nicht aus der Ruhe bringen.

Die Kurzwaren liefen auf der oberen Ebene des Kästchens zusammen. Als erster war eine Stecknadel bei dem Schulterpolster, das sich vom Rand des Nähkästchens abgewandt und das Gesicht in den Händen vergraben hatte. Das Schwesterteil des Schulterpolsters kam als eine der letzten angelaufen. Es hatte mal wieder mit einigen Bindfäden und einer fast abgerollten Nähgarnrolle Karten gespielt. Und wie jedes Mal beschwerte sich das Polster bei einem der Umstehenden, dass das Garn wieder betrogen hatte. Aber der angesprochene Knopf hatte nur Augen für das Geschehen am Rand des Nähkästchens.

Die Stecknadel mit einem gelben Kopf fragte das Schulterpolster, ob es geschrien hätte, was es denn gäbe und was es denn so Schreckliches gesehen habe? Das Schulterpolster ließ seine Hände auf seinem Gesicht ruhen und nickte nur hinter sich.

„Ach du Scheiße“, rutschte der Stecknadel die wenig feine Ausdrucksweise heraus, nachdem sie sich über den Rand des Nähkästchens gebeugt hatte und weit unten, auf dem Holzdielenfußboden, das Stopfei gesehen hatte.

„Ist es tot?“

Das Schulterpolster nahm immer noch nicht die Hände von seinem Gesicht, nickte nur, und durch den versperrten Mund konnte die Stecknadel nur ein gedämpftes: „Ja, es ist tot“, hören und dann das Schluchzen des Polsters. Es hatte sich mit dem Stopfei erst vor ein paar Tagen angefreundet.

War es ein Unfall? War das Stopfei zu unvorsichtig gewesen? Hatte es gar getrunken und war dann im Rausch aus dem Kästchen gefallen? Es ist bekannt, dass Stopfeier gerne dem Alkohol zusprechen.

„Oder war es Mord?“ spekulierte als erstes die Schneiderschere und löste damit eine große Unruhe unter den Bewohner des Nähkästchens aus.

„Das gilt es herausfinden“, schob sich der Manschettenknopf unter einem Raunen der umstehenden Kurzwaren nach vorne. „Ich werde persönlich die Untersuchung an mich ziehen. Zuerst einmal sorgt dafür, dass der Tatort abgesperrt wird und dass sich alle zu Befragungen bereithalten. Es kann, vorerst, niemand als möglicher Täter ausgeschlossen werden.“

Der Manschettenknopf wusste natürlich, dass er ein wenig dick aufgetragen hatte und dass es noch keineswegs feststand, auf welche Weise das Stopfei zu Tode gekommen war, aber energisches Handeln war jetzt angesagt.

Und so handelte die Sicherheitsnadel. Sie war neben ihrer Nähtätigkeit auch für die Sicherheit im Kästchen verantwortlich. Sie trieb mit ihrer ausgeklappten Nadel die Umstehenden auseinander. Dann gab sie einem roten Bindfaden die Anweisung, sich weiträumig um die Absturzstelle zu spannen. Dann wartete sie auf weitere Aufgaben.

Die Schneiderschere, als Vertreterin des Nähkästchenparlaments, bestätigte den Auftrag an den Manschettenknopf, den tragischen Tod des Stopfeis zu untersuchen. Die Schere, wie der Manschettenknopf, vertraten die Interessen der konservativen Mitglieder im Hohen Haus.

Kritik an der Vergabe der Kompetenz für die Ermittlungen gab es vom liberalen Flügel des Parlaments, in Person der großen Nähnadel: „Wir müssen zuerst die Gremien befragen, ob sie der Berufung des Manschettenknopfes zur Untersuchung des Falls zustimmen.“

„Unterlassen Sie doch Ihren unerträglichen Versuch, aus jeder Entscheidung eine politische zu machen. Der Herr Manschettenknopf ist genau der Richtige für diese Aufgabe. Darf ich Sie an den Fall des entführten Knopfs erinnern“, wies die Schneiderschere die Einwände gegen die Leitung der Untersuchung durch den Manschettenknopf energisch zurück. „Erinnern Sie sich, wie brillant und scharfsichtig dieser Fall von unserem hochgeschätzten Mitglied unserer Gemeinschaft gelöst wurde.“

Damit konnte der Manschettenknopf seine Ermittlungen aufnehmen.

Zuerst musste der Tatort untersucht und Spuren gesichert werden. Am Geländer waren keine Hinweise auf einen gewaltsamen Tod des Stopfeis zu finden. Um die Stelle zu untersuchen, auf der das Ei aufgeschlagen war, ließ man den Assistenten des Manschettenknopfs, die Sicherheitsnadel, am Maßband vorsichtig hinunter in die Tiefe. Das Maßband hatte sich freiwillig gemeldet. Außerdem konnte es unten gute Dienste leisten, in dem es die Aufschlagstelle vermaß. Und natürlich brachte es die Sicherheitsnadel wieder sicher in das Nähkästchen zurück.

„Das Ei ist wirklich tot. Es ist an der Seite aufgeplatzt und die …“

„Die Details müssen wir nicht hören“, unterbrach die Stricknadel die Sicherheitsnadel. Sie hatte sich mit den anderen des Ausschusses für innere Angelegenheiten des Nähkästchens eingefunden, um die Untersuchung zu beobachten. Dem Ausschuss gehörten weiter an: Eine Häkelnadel, ein Gummiband, eine Tube Textilkleber und der Fingerhut. Doch der lag mit einer Migräne im Bett und war nicht ansprechbar.

„Wenn Sie so zartbesaitet sind, gehen Sie doch eine Tasse Tee trinken“, ärgerte sich der Manschettenknopf über das Verhalten der Stricknadel. Aber schließlich lenkte er ein.

„Für das Resultat spielen die Einzelheiten keine Rolle. Das Stopfei ist mit ziemlicher Sicherheit aus dem Nähkästchen gefallen und auf dem Holzboden aufgeschlagen. Dabei platzte es …“ lächelte der Manschettenknopf die Stricknadel süffisant an, „… und ist an den Folgen des Sturzes verstorben. Genaueres wird die Obduktion ergeben. Falls man das Ei noch einmal in unser Nähkästchen zurückbringt. Aber, ich fürchte, die große Gottheit wird keinen Gefallen an einem aufplatzten …“

„Jetzt unterlassen Sie schon die Anspielungen, Herr Manschettenknopf“, wurde jetzt die Schneiderschere ärgerlich und stellte sich vor ihre langjährige Freundin, die Stricknadel. Dieser sah man an der Färbung ihres Gesichts an, wie nah ihr der Tod des Eis ging.

Der Zeitpunkt des Todes wurde zwischen ungefähr sechs Uhr und acht Uhr in der Früh geschätzt. Ein Reißverschluss, der spät, beziehungsweise früh, von einer Veranstaltung der Verschlussmittelgewerkschaft zurückgekommen war, hatte das Stopfei noch um Viertel vor sechs Uhr morgens gesehen und kurz angesprochen. Aber der Reißverschluss hatte keine Antwort bekommen und war schlafengegangen. Ein wenig hatte er sich über die unfreundliche Art gewundert. Gefunden wurde das Opfer von dem Schulterpolster um kurz vor acht.

„Wer weiß etwas von diesem Stopfei?“ setzte der Manschettenknopf seine Ermittlung fort. „Gibt es nahe Verwandte? Hat jemand Kontakt gehabt?“

Außer dem Schulterpolster wusste niemand etwas über das Ei zu sagen. Aber das Polster war, verständlicherweise, im Augenblick nicht vernehmungsfähig.

„Der Stopfpilz, er gehört doch zur selben Gattung. Er wird doch etwas wissen“, meldete sich ein Druckknopf.

„Bring mir den Stopfpilz“, gab der Manschettenknopf Anweisung an die Sicherheitsnadel. Doch die musste nicht weit laufen.

„Hier bin ich schon“, stand der Stopfpilz vor dem Untersuchungsbeauftragten. Er hatte ganz in der Nähe gewartet.

„Herr Stopfpilz, was können Sie uns zu Ihrer Kollegin, dem Stopfei, sagen?“

Der Pilz sah unsicher zu Boden und zuckte nur mit den Schultern.

Aus der umstehenden Menge kam ein Ruf: „Ich habe gestern gehört, wie der Stopfpilz zur Stopfnadel gesagt hat: Wenn der sich einbildet, an die teuren Socken gelassen zu werden, dann soll er mal sehen, was ihm blüht.“

„Wer war das?“, reckte der Manschettenknopf seinen Hals. „Wer hat das gesagt?“

Keine Antwort.

„Ich frage Sie, Herr Stopfpilz, haben Sie das gesagt?“

Der Pilz schwieg.

„Dann werden wir die Stopfnadel befragen. Sicherheitsnadel …“

„Ja, ich habe es gesagt“, gestand die Stopfhilfe, „aber ich habe nichts mit dem Tod des Stopfeis zu tun. Manchmal sagt man eben Dinge und meint sie nicht so.“

„Haben Sie ein Alibi?“ kam die nahe liegende Frage des Manschettenknopfs.

Hierzu schwieg der Stopfpilz wieder.

Durch sein Schweigen machte sich der Pilz natürlich verdächtig, und auch seine allgemein bekannte aufbrausende Art, ließ in den Augen einiger Kurzwaren keine Zweifel an der Schuld des Verdächtigen. Auch hatte der Pilz ein klassisches Motiv: Eifersucht.

Das Stopfei war erst einige Wochen im Nähkästchen. Es war neu, hatte kaum Kratzer von den Stopfnadeln und war gut zu benutzen. Es lag hervorragend in Götterhand. Der Stopfpilz dagegen war schon alt und sein Kopf wackelte auf seinem Stiel. Er war über und über mit Narben und Einritzen übersäht. Kleine Stücke waren aus ihm herausgeplatzt, und seine rote Farbe mit den weißen Punkten war schon ziemlich verblasst. Er stammte aus der Zeit der Urgroßgötter. Deshalb war sein Wesen auch von der Vergangenheit geprägt. An allem hatte er etwas auszusetzen, und nichts war ihm gut genug. Ständig schimpfte er mit den Stecknadeln, die natürlich ihre Jugend auskosteten. Auch wenn es manchmal sehr laut auf dem Nadelkissen zuging, so übertrieb der Stopfpilz doch sehr mit seiner Kritik. Das fand sogar die alte Schneiderschere, die mit am längsten im Nähkästchen wohnte.

Brachten den Stopfpilz sein Gram und sein Jähzorn dazu, den vermeintlichen Rivalen in die Tiefe zustürzen?

„Das gilt es herauszufinden“, wiederholte sich der Manschettenknopf, aber diese Formulierung klang einfach zu gut.

Plötzlich, wie aus heiterem Himmel, meldeten sich Zeugen, die vorher geschwiegen haben. Einer wollte gesehen haben, wie sich der Stopfpilz in den frühen Morgenstunden an der Wohnung des Stopfeis an dessen Türschloss zu schaffen machte. Es war ein Kragenknopf von einem ziemlich teuren

Markenhemd. Besonders glaubwürdig war dieser Zeuge allerdings nicht, da er bekannt dafür war, sich oft in den Vordergrund zu spielen. Aus diesem Grund und weil es am Türschloss des Stopfeis keinerlei Spuren von Gewalteinwirkung gab, verwarf der Manschettenknopf die Aussage. Eine andere, eine dünne Nähnadel, wurde der Falschaussage überführt, da sie nachweislich eine abgewiesene Verehrerin des Pilzes war. Sie handelte aus enttäuschter Liebe, und hatte behauptet, den Stopfpilz mit blutverschmierten Händen und Kleidern über die Leiche gebeugt gesehen zu haben. Dann war da noch ein dritter Zeuge. Dieser brachte den Stopfpilz mit seiner Aussage in arge Bedrängnis. Der Pilz habe ein Verhältnis mit dem Ei gehabt und es, nachdem das Verhältnis dem Stopfei lästig wurde, kurzerhand über das Geländer des Nähkästchens geworfen. Diese Angabe hatte deshalb soviel Gewicht, weil es die Schneiderschere persönlich war, und die war bereit, ihre Aussage zu beschwören.

„Ich habe ein Gespräch mitangehört, unfreiwillig natürlich, zwischen dem Stopfei und dem Pilz. Es ging um ausgetauschte Zärtlichkeiten mit Stoffen. Sie hatten sich gestritten und der Pilz hat behauptet, das Stopfei könne gar keine Zärtlichkeit dem zu bearbeiteten Stoff zukommen lassen, weil es von seinem Charakter her so viele Zacken hat. Das Ei wurde darauf hin laut und sprach von Trennung und dass Stoff seine Lebensaufgabe wäre.“

Der Manschettenknopf, wie die meisten Bewohner des Nähkästchens, war durch diese Aussage von der Schuld des Stopfpilzes überzeugt.

Er wollte gerade das Urteil fällen, als eine Stimme aus den hinteren Reihen der Umstehenden rief: „Er kann es nicht gewesen sein! Haltet ein, ich flehe euch an!“

„Schon wieder ein anonymer Rufer?“ schüttelte der Manschettenknopf den Kopf.

„Nein, ich bin es, und ich weiß wo der Stopfpilz zu fraglichen Zeit gewesen ist“, bahnte sich das hölzerne Kopierrädchen seinen Weg durch die Reihen.

„Was hast du zu sagen?“ forderte der Manschettenknopf das Rädchen auf zu sprechen.

„Nein, denke an deine Ehre!“ wehrte sich der Stopfpilz gegen die Aussage des Kopierrädchens.

„Aber ich muss sprechen, sonst ist es dein Ende. Sie werden dich zum Tode verurteilen!“

„Ja, das würde das Urteil bedeuten“, stimmte der Manschettenknopf zu.

„Wir lieben uns und sind ein Paar. Schon seit einigen Jahren. Wir haben unsere Liebe verborgen. Zu der Zeit als das Stopfei gefallen ist, waren wir zusammen.“

„Aber ich habe doch ganz deutlich die Stimme des Stopfeis in der Wohnung des Stopfpilzes gehört. Er war nicht allein in seiner Wohnung“, bestand die Schneiderschere auf ihrer Aussage. „Das kann ich beschwören!“

„Sie haben meine Stimme gehört. Ich habe mich dummerweise mit dem „Stopfei“, ich meine mit dem Stopfpils gestritten. Es war dumm von mir.“

„Ja“, bestätigte jetzt der Stopfpilz das Gesagte seiner Geliebten. „Auch ich habe böse Dinge gesagt, aber nicht so gemeint. Entschuldige, mein Schatz. Beinahe wäre ich durch die falschen Beschuldigungen verurteilt worden.“

Das Stopfei nahm das Kopierrädchen in den Arm und sie drückten sich so fest, das einige Rädchen der Geliebten in den Pilz einschnitten.

Die Schneiderschere wurde unter ihrer Metallhaut rot. „Ich muss mich entschuldigen, lieber Stopfpilz. Wie konnte ich mich nur so irren. Ich bin froh, dass es noch einmal gut ausgegangen ist.“

Ja, das konnte man wirklich sagen. Zumal sich der wirklich Schuldige am Tod des Stopfeis zwei Tage später herausstellte. Es war eine der jungen Gottheiten, die das Ei morgens heimlich aus dem Nähkästchen genommen hatte. Es wollte mit ihm spielen, dabei ist es der kleinen Gottheit aus den Händen geglitten und auf dem Boden zerplatzt …

„Ja, ja, schon gut, wir brauchen keine weiteren Einzelheiten“, unterbricht die Stricknadel den Schlussabsatz.

„Es ist unerhört“, regte sich noch der Manschettenknopf über die Vorkommnisse auf, „wir sind doch kein Spielzeug!“

Ja, schöne Scheiße!" hat die Stecknadel mit dem gelben Kopf den letzten Satz in dieser Geschichte. Auch wenn es nicht die feine Art ist. Aber so richtig unfein wird es erst in der nächsten Geschichte. Da geht es um Verrat, Betrug und ein Pferd aus Troja.

Doch bis dahin zieht diesmal die Stecknadel den Vorhang vor den „Geschichten aus dem Nähkästchen" zu.

Bei dem Fall des entführten Knopfs handelt es sich nicht wirklich um einen Fall. Der selbige hatte vor einigen Jahren eine Entführung vorgetäuscht, weil er nicht an einen Wintermantel genäht werden wollte. Der Knopf litt fürchterlich unter kalten Füßen und da war ihm die Vorstellung, an kalten Wintertagen in einem fremden Universum herumgetragen zu werden natürlich äußerst unangenehm. Der Knopf hatte sich in der dritten Etage des Nähkästchens hinter dem Nähmaschinengarn verborgen gehalten. Dort hatte ihn der Manschettenknopf aufgespürt. Eigentlich hatte er ihn weniger aufgespürt, als durch einen Hinweis dessen Aufenthaltsort herausbekommen. Der Knopf wurde schließlich den Göttern übergeben. Das oberste Gesetz im Nähkästchen lautet: *§ 1. Die erste Pflicht eines jeden Bewohners ist es, den Göttern ohne Ansehen der Person und/oder des Standes zu dienen!* Natürlich gab es manchmal Grenzfälle und ausgesprochene Ungerechtigkeiten, wie in den Geschichten auch schon öfters zu lesen stand, aber Gesetz ist Gesetz. Und das gilt auch und besonders für Kurzwaren.

Zu den politischen Verhältnissen im Nähkästchen ist zu sagen, dass es außer den Konservativen und den Liberalen keine weiteren politischen Strömungen gab. Einige Leser werden die Links-Orientierung, wie sie in anderen Gesellschaften anzutreffen ist, vermissen und auch kritisieren. Aber ein Nähkästchen ist eine Institution, die sehr an Werten und Traditionen orientiert ist. Etwas „Revolutionäres" oder „Neuheiten" empfinden die Bewohner des Nähkästchens deshalb als Bedrohung. Siehe Episode 3.

Und auch zu Recht. Fragen Sie sich doch einmal, ob Sie, ja Sie, geehrte Leser, überhaupt noch ein Nähkästchen besitzen? Ich meine nicht eine Pappschachtel oder eine alte Keksdose, mit wild durcheinandergeworfenen Knöpfen, einem weißen und einem schwarzen Garn und einer Nähnadel, sowie einem Reißverschluss. Meist liegen noch alte, abgenutzte Bleistifte mit drin, eine schon seit langem abgelaufene 9-Volt-Batterie und womöglich ein kleiner Stein vom letzten Urlaub aus dem Fichtelgebirge. Ein Andenken.

Sehen Sie, deshalb ist Konservatismus, gepaart mit ein wenig Liberalismus, gar nicht so schlecht. Ich meine diese politische Konstellation natürlich nur auf die Nähkästchen dieser Welt bezogen.

Alles Gute für Sie! Bis zu den nächsten „Geschichten aus dem Nähkästchen."

GEMISCHTES 6

Made in Germany

„Kommen Sie sofort da heraus!“, schrie Herr Müller die Frau empört an, „es ist verboten und auch unhygienisch!“

„Aber ich sehe keine andere Möglichkeit mehr. Ich bin am Ende.“

„Das ist sehr bedauerlich, aber hier ist nicht der Ort, sich umzubringen. Schon gar nicht in der Fleischkühltruhe. Sehen Sie nur, wie die Pakete eingedrückt sind.“

Herr Müller, Filialleiter des größten Discounters im weiteren Umkreis war den Tränen nah. Wie sollte er diese Verpackungen noch seinen Kunden anbieten? „Das Frischedatum ist erst in zwei Wochen abgelaufen, und nun sehen Sie sich diese Bescherung an. Möchten Sie vielleicht Fleisch kaufen in eingedrückten Verpackungen? Macht doch keinen guten Eindruck. Das müssen Sie doch verstehen“, dämpfte und mäßigte Herr Müller seine Lautstärke und auch seine Wortwahl angesichts der kleinen Kullertränen, die jetzt über die rosigen Wangen der Frau liefen.

„Sie hätten sowieso nicht hineingepasst, der Deckel wäre nicht zugegangen.“

„Ich weiß, dass ich Übergewicht habe“, schniefte die Frau in das Taschentuch, das der Kaufmann ihr gereicht hatte.

„Ich wollte Ihnen nicht zu nahe treten.“ Herr Müller trat von einem Fuß auf den anderen. Einige Kunden waren stehengeblieben und nahmen Anteil.

„Hat sie gestohlen?“ fragte eine Frau mit Hut kopfschüttelnd hinter vorgehaltener Hand. Eine andere Kundin mit einem Einkaufskorb unter dem Arm meinte, die Dame hätte bestimmt ihr Geld vergessen und es sei ihr peinlich. Ein junger Mann in einem Norwegerpullover und Vollbart wusste, dass sie von ihrem Mann gezwungen wurde Fleisch zu essen, obwohl es ihr gar nicht schmeckte. „Sie ist bestimmt eine unbewusste Vegetarierin. Es ist eine Protestaktion. Sie wollte mit ihrem Sit-in in der Kühltruhe auf ihre Situation aufmerksam machen. Es war ein Hilferuf."

„Ach so, daher das Übergewicht", bemerkte die Kundin mit Hut, die erst meinte, die Frau hätte ihr Geld vergessen. Da sie selber einige Pfunde zuviel auf die Waage brachte, fühlte sie besonders mit.

„Man macht so etwas nicht", schüttelte ein älterer Herr mit graumelierten Haaren, der aussah als sei er ein Doktor oder sogar Professor, den Kopf. „Und überhaupt, sich in einer Kühltruhe umzubringen ist doch, bei allem Respekt, eine ziemliche Dummheit. Es dauert doch viel zu lange, bis man darin erfriert. Mindestens drei Stunden, bei geschlossenem Deckel natürlich. Aber wie der Herr Filialleiter schon angedeutet hat, sind Sie …" bemerkte der ältere Mann mit den graumelierten Haaren das Fettnäpfchen, in das er beinahe getreten wäre noch rechtzeitig, und meinte: „Eher holt man sich einen Schnupfen."

„Eine Freundin, besser gesagt eine Bekannte, im Grunde war sie nur eine Nachbarin, die ich vom sehen kenne, hat sich unter einen Gemüsestand gelegt und an einem Standbein gerüttelt, da ist die ganze Lieferung von Honigmelonen auf sie gefallen und hat sie glatt erschlagen."

„Oh, Gott", schlug Herr Müller seine Hände entsetzt vor das Gesicht, „hoffentlich passiert mir so etwas nicht in meiner Filiale. Wissen Sie, was Honigmelonen im Augenblick kosten, im Großhandel? Die Griechen streiken und in Marokko ist ein Militärputsch gerade noch mal abgewendet worden. Aber da geht natürlich alles drunter und drüber."

Der Norwegerpullover stellte zu diesem Thema nur lapidar fest: „Das jetzige Regime scheißt doch auch auf die Menschenrechte."

„Eine Freundin, eine gute Bekannte, hat dort vor zwei Jahren Urlaub gemacht, vierzehn Tage. Sie sagte, es wäre dort wunderschön gewesen“, lächelte die Frau mit der Freundin, die eigentliche nur eine Nachbarin war und die sich unter die Honigmelonen gelegt hatte, schwärmerisch. „Das Meer und das Wetter sollen traumhaft gewesen sein. Wir, mein Mann und ich, können uns solch eine Reise im Augenblick nicht leisten, wir sparen für die Hochzeit unserer Tochter. Sie soll in Weiß heiraten, mit allem drum und dran, hier ist ein Foto von ihr“, kramte sie ihr Portmonee aus der Einkaufstasche und zeigte der Frau mit dem Korb unter dem Arm die Fotografie ihrer Tochter.

Herrn Müller ließen die Honigmelonen nicht los und er schielte zu seinem Obstregal, ob die Füße auch stabil genug wären. Dabei fiel ihm auf, dass die Dame mit der Nachbarin, die durch die Melonen zu Tode gekommen war, gesagt hatte, es wäre der Gemüsestand gewesen, unter den sich die Bekannte gelegt hatte. Es muss aber Obststand heißen.

„Es war eine flüchtige Bekannte, eigentlich habe ich sie nur zwei- oder dreimal gesehen, aber ich erinnerte mich an sie, da in der Zeitung gestanden hatte, sie hätte ein Glasauge getragen und daran erinnert man sich doch. Eine Frau mit einem Glasauge, ist doch schon sehr ungewöhnlich.“

„Nun, nach dem Krieg war das nicht so ungewöhnlich. Genauso wie bein- oder armamputierte Männer“, wies der graumelierte Professor auf die Kriegsversehrten nach 1945 hin.

„Krieg ist immer Scheiße, und wer Soldaten hat, der macht früher oder später Krieg!“, erklärte der Vollbartträger und ließ sein Antikriegsaufkleber auf seinem Hemd unter seinem Norwegerpullover sehen. Als sei es eine unanständige Tätowierung betrachteten die Frau mit dem Korb und die Dame mit dem Hut den auf dem karierten Ärmel aufgenähten Flicken. Es war eine stilisierte Figur mit einem Gewehr in der Hand, das in den Himmel gestreckt wurde. Ein roter Querbalken strich die Figur durch.

Der Graumelierte schüttelte wieder den Kopf. „Ich selber war noch zu jung, um eine Waffe zu tragen, aber wenn ich denke, wenn die Amerikaner uns damals nicht befreit hätten, wer weiß, was aus Deutschland geworden wäre? Und dazu brauchten sie nun einmal Gewehre.“

„Die Russen haben auch ihren Teil dazu beigetragen", ergänzte Herr Müller, obwohl er nie mit seinen Kunden über Politik sprach. Und schon die nächste Bemerkung der Frau mit dem Korb unter dem Arm zeigte ihm, dass diese Haltung auch die beste war, denn: „Meine Großmutter hat keine guten Erinnerungen an die Russen, was die so erzählt hat, wie die Wilden sollen die sich aufgeführt haben."

„Nachdem die Deutschen in Russland auch ganz schöne Scheiße gebaut haben", ließ der junge Mann wieder seinen Norwegerpullover herunter.

„Jedenfalls haben uns die Amis die Mittel in die Hand gegeben, dass wir unseren Wohlstand aufbauen konnten. Und, wie stehen wir heute da?!" warf sich der Professor in die Brust, als habe er ganz allein das Bruttosozialprodukt in den letzten sechzig Jahren in die Höhe getrieben.

„Jawohl, das stimmt", pflichtete Herr Müller begeistert bei, „Made in Germany. Deutsche Markenprodukte sind immer noch die Besten. Hier, sehen Sie, diese Fleischkühltruhe zum Beispiel …"

Veröffentlicht in „Maulkorb / Lost Voices" im Nov. 2010

Anspruchsvoll

Elena mag keine feuchten Männer. Nur dann, wenn sie lateinisch sprechen und dabei auf nur einem Bein mit jeweils fünf Kilo magerem Rindfleisch, zu Bällen geformt, jonglieren und dazu noch mit dem rechten Auge eine Münze auffangen können. Die Größe und der Wert der Münze spielt für Elena keine Rolle. Es dürfen nur keine schwedischen sein, weil die ein Loch haben und der feuchte Mann Elena dann bei der ganzen Aktion ansehen kann. Natürlich muss das andere, das linke Auge, mit einer Klappe abgedeckt oder mit einer Mullbinde zugeklebt sein.

Leider gibt es kaum feuchte Männer, die Jonglieren können und soviel Geschick besitzen, eine zugeworfene Euromünze mit dem Augenlid festhalten zu können.

Auch nach gutem Zureden von Elenas Freundinnen und Vorschläge, wie man feuchte Männer sonst noch attraktiv machen kann, zum Beispiel in dem man sie über glühende Kohlen schickt und sie danach aus einem mehr als dreihundert Jahre alten Buch vorlesen lässt, überzeugten die anspruchsvolle junge Frau nicht!

Die Frage nach trockenen Männern stellt sich für Elena nicht, da sie auf diese allergisch reagiert.

TANTE ELSES LIEBLINGSSPRÜCHE

Sprüche 31 – 60

Vom Reisen. Von John Wayne, Hans Albers und Heinz Rühmann. Über Urheberrechte und Sammelklage. Käsekuchen, nur ohne Rosinen. Kochen II. Unsinn. Noch mehr Unsinn. Sommerschlussverkauf und Krabbeltische.

31. „Man darf das Leben der Pferde nicht als Mensch betrachten.“
(Auf einer Reise mit Onkel Erich nach Paris vor einer Boucherie Chevaline, einem Pferdemetzger. Auf den Spruch angesprochen antwortete die Tante mir später einmal: „Im und nach dem Krieg haben wir alles gegessen, was keinen Sattel trug.“ Die Tante meinte wahrscheinlich vierbeinige Lebewesen. Ansonsten ist kein Fall von Kannibalismus in unserer Familie bekannt.)

32. „Wer den Käse hat, braucht für den Spott nicht zu sorgen.“
(Ausgesprochen anlässlich eines Besuchs des Kaasmarkt im niederländischen Alkmaar. – Aber es ist wirklich albern, wie diese Herren mit den Strohhüten und den Laiben auf den hölzernen Schaukeln von A nach B laufen und letztendlich der ganze Käse in einem riesigen Lastwagen verstaut wird. Aber den holländischen Käse liebte die Tante. Auch zeigen die letzten beiden Sprüche wie weit gereist meine Tante und mein Onkel waren.)

33. „Wer sich waschen will muss sich nass machen.“
(Tante Elses Lieblingsspruch vor dem Elefantengehege im Berliner Zoologischen Garten, wenn sich die Dickhäuter mit Sand beworfen haben. – Dabei werden diese Ignoranten täglich mit Wasser abgespritzt. Was soll das?)

34. „Einer muss immer bezahlen!“
(Damit war kein Titel eines so genannten „Spagettiwestern“ aus Italien gemeint, sondern mein Vater. Immer dann, wenn uns die Tante, nach Onkel Erichs Tod immer öfter, in Berlin besucht hat. Meist gab es die zusätzliche „Überraschung“ wenn sich Tante Else noch mit ihren drei ledigen Schulfreundinnen im Rentenalter aus der Ostzone bei uns getroffen hat. Ausflug mit Dampferfahrt auf dem Tegeler See inklusive anschließendem Mittagessen und Kaffeetrinken auf den Tegeler Seeterrassen. Einer musste immer bezahlen, und das war mein Vater. Meist Spagetti mit Tomatensoße.)

35. „Wenn John Wayne mal an meiner Tür klingeln würde …“
(Erstens hat John Wayne nie an der Tür meiner Tante geläutet, und zweitens habe ich nie erfahren was sie dann mit ihm gemacht hätte. Interessant wäre auch zu erfahren, was mein Onkel Erich mit John Wayne gemacht hätte, hätte John Wayne an der Tür meiner Tante Else geklingelt. Und wäre Onkel Erich zu Hause gewesen, was hätte John Wayne mit meinem Onkel gemacht, wenn statt meiner Tante Else mein Onkel Erich die Tür aufgemacht hätte? Spannende Fragen. Aber leider, wir werden die Antworten nicht mehr bekommen. So long, Cowboy!)

36. „Trunkenheit kommt vor dem Fall!“
(Ein einziges Mal hat Onkel Erich versucht, aus der Regenrinne des Vereinshauses seines Heimwerkervereins „Die Flachzangen e.V.“ Wasser zu trinken und war von der Leiter gestürzt. Damit war er für Tante Else schon ein hemmungsloser Trunkenbold. Obwohl es ja Wasser gewesen ist, das der gute Onkel trinken wollte. Es gab zwei Monate Stubenarrest.

Nur gut, das sie nie von Onkel Erichs Versuch erfahren hat dem Wetterhahn auf dem Kirchturm der Gemeinde Klusum-Appeldorf ein Mützchen aufzusetzen. Das Blechvieh dauerte den Onkel, weil der Wind dort oben immer so stark blies.)

37. „Wenn die Sonne scheint, muss man keinen Regenschirm mitnehmen.“
(Nach einer Reportage im Ersten Deutschen Fernsehen über die Angewohnheiten und Lebensweisen englischer Gentlemen.)

38. „Jawohl meine Herren, so haben wir es gern!“
(Ist ein Satz aus einem Hans-Albers- und Heinz-Rühmann-Film. Ich glaube es war ein Lieblingsspruch meines Onkels Erich. Aber ganz sicher bin ich nicht.)

39. „Vieles, was den Bach heruntergeht, kommt im Tal nicht an.“
(Ich weiß, ganz ehrlich nicht, was das bedeuten sollte. Tante Else wendete diesen Spruch oft auf Nachrichten der Tagesschau an. Es könnte zum Höhepunkt der Skandale in den sechziger Jahren auf das englische Parlament in Verbindung mit Prostituierten gemünzt sein.)

40. „Was lange wartet, kann auch morgen noch nicht richtig sein.“
(Manchmal hatte ich den Verdacht, dass die Tante Drogen nahm. Oder es lag an diesem seltsam riechenden Putzmittel mit dem sie ihre Küche und das Bad geputzt hatte.)

41. „Alles hat ein Ende, nur die Wurst hat zwei.“
(Um diesen Satz rankten sich jahrelange Prozesse um Urheberrechte. Die Tante hat sie alle verloren. Wenn es anders herum wäre, würde ich hier wohl kaum sitzen und versuchen, den Leuten seltsame Sprüche meiner Tante Else anzudrehen.)

42. „Frechheit siegt!“
(Das ist wohl der Satz der Sätze, den Tante Else selber nie

erstgenommen hat. Jedenfalls musste ich dafür die ein- oder andere Ohrfeige einstecken. Von Siegen konnte bei mir nicht die Rede sein!)

43. „Na danke, liebe Tante!“
(Also, ich fand diesen Spruch immer ziemlich ironisch gemeint, wenn es nach Geburtstagen und an Weihnachten hieß: „Haben euch Kindern meine Geschenke denn auch gefallen?“ – Es könnte auch sein, das wir Kinder, meine Schwester und ich, diesen Spruch immer falsch verstanden haben.)

44. „Wenn das Leben von Hause aus schön wäre, müsste der Himmel nicht voller Geigen hängen.“
(Tante Else hatte eine Vorliebe für Geigenmusik. Am liebsten mochte sie Helmut Zacharias. Immer wenn ich etwas angestellt hatte, legte sie „Spanish Eyes“ auf den Plattenteller, in der Interpretation dieses großen Geigenvirtuosen.)

45. „Worte sind mehr als Schall und Rauch.“
(Tante Else gehörte wahrscheinlich zu den ersten Verschwörungstheoretikerinnen, die es in Deutschland gab. Man kann auch sagen, meine Tante ist eine Vorverschwörungstheoretikerin gewesen. Es gab, zum Beispiel, nach ihrer Theorie den Handquirlmixer schon lange vor der Erfindung des Whirlpools! Und Richard Nixen hat nicht in Waterworld geherrscht, sondern Richard Gere. Und der „Kalte Krieg“ war in Wahrheit eine Backpulvermischung aus dem Osten.)

46. „Der Apfel fällt nicht weit vom Lamm.“
(Eines von Tante Elses Lieblingsrezepten.)

47. „Ob die Butterstulle immer mit der falschen Seite auf die Erde fällt oder Herr Menkemann sich kein Deodorant leistet, ist der Welt schnuppe.“
(Tante Else hatte nie etwas von den Newtonschen Gesetzen gehört. Sie fand es einfach nicht wirklich schmackhaft, eine Butterstulle zu essen, die schon einmal auf dem Fußboden

gelegen hatte. Ob mit der Butterseite nach oben oder nicht. Und bei Tante Else hätte man getrost vom Boden essen können, wenn man keine besseren Manieren gehabt hätte. Und über Herrn Menkemanns Körperhygiene sind ganze Bücher geschrieben worden. Vom Zustand der Welt einmal ganz abgesehen.)

48. „Viele Worte ergeben zwar einen Satz, aber noch lange keinen Sinn."
(In Sachen Literatur und Kritik an solcher Literatur, die Tante Else mochte, war Tante Else sehr eigen. Sie hatte ihren Schriftsteller und den ließ sie sich von niemandem madig machen. Einen Namen zu nennen ist an dieser Stelle nicht angebracht. Es wäre auch nicht hilfreich, darauf hinzuweisen das man mit Stoff aus Träumen nicht über Regenbögen gehen kann.)

49. „In fünfzehn Minuten sollte der mal die Fliesen in meinem Badezimmer scheuern!"
(Antwort auf Herrn Andy Warhols Ausspruch und dessen Anspielung auf die Flüchtigkeit des Ruhmes: „In the future, everyone will be world-famous for 15 minutes".

50. „Nichts ist so vergänglich wie das Haltbarkeitsdatum auf Milchverpackungen."
(Eine ganz klare Anspielung auf meine Schwester. Sie hatte als junges Mädchen die Angewohnheit, ihre Freundinnen und auch gewisse junge Herren in ihrem Zimmer mit Kaffee und Milch zu bewirten. Aber es gab Tage, da kamen die jungen Herrschaften nicht zum Kaffeetrinken. Was sie stattdessen gemacht haben, weiß ich nicht. Kaffee mit Milch getrunken haben sie jedenfalls nicht.)

51. „Ich koche, also bin ich …"
(… also muss ich sein, um kochen zu können", hätte Tante Else nicht, wie im zweiten Teil des Satzes, geschlussfolgert. Vielmehr ging es um die neidische Stichelei ihrer Schwiegermutter, die an jedem Mittagstisch, den sie zu Besuch im

Hause meiner Tante und meines Onkels weilte, am Essen herumgemäkelt hatte. Bis eines Tages mein Onkel Erich seine Mutter dieses, seines Hauses, verwiesen hatte. Seitdem schmeckten ihm, seltsamerweise, die Gerichte meiner Tante noch besser.)

52. „Das leben ist wie ein Käsekuchen, nur ohne Rosinen.“
(Ich bin kein Experte in Sachen Backwaren, aber was die Tante meinte war, wahrscheinlich: Das Leben ist ziemlich beschissen, wenn du keine Rosinen im Teig hast!)

53. „Hopsasa und Trallala!“
(Dieser Ausspruch wurde schon einmal in Sprüche 1-30 gelistet. Als Spruch Nr. 18. Oder nein, es war die 16. Jetzt, fast ein Jahrzehnt später, fällt mit ein, dass die Tante dies an Sylvester, an Fasching und am Todestag von Großonkel Ewald ausgerufen hatte. Sorry, aber es ist schon so lange her und manchmal sind die Aufzeichnungen von Tante Else wirklich in einer Sauklaue geschrieben.)

54. „Wenn jemals ein Mensch über mich soviel reden würde, wie ich über andere geredet habe, ich wäre glücklich.“
(Dies ist eine bedauernswerte Äußerung, die die Tante im schon hohen Alter geäußert hatte. Sie war zu dieser Zeit schon nicht mehr ganz Frau ihrer Sinne. Fest steht, meine Familie hat regelmäßig an die liebe Tante gedacht. Und es waren immer nur gute Gedanken.)

55. „Auf dem Besen reiten am frühen Morgen, bringt Rückenschmerzen und Schnupfen am Abend.“
(„Eine Hexe am Wochenende erspart Werktags Feuer und Schwefel im Haus.“ Ein ähnlich sinnfreier Spruch. – Wobei, nachts auf einem Besen reiten ohne richtige Kleidung, kann schon zu Erkältung und Verspannungen führen. Ich entsinne mich: Tante Elfriede mit ihren ständigen Schmerzen in der Rückengegend. Für das andere gibt es ja, Gott sei Dank, Zündhölzer.)

56. „Worin unsere Stärke besteht?“
(Hier handelt es sich weniger um ein Zitat von Brecht/Eisler, als um Unwissenheit woher dieser Satz stammt. Für Tante Else ging es um Stärke in ihrem berühmten Streuselkuchen. Sie machte immer ein ziemliches Tamtam um das Rezept und hat behauptet, Frau Sauerknecht aus ihrer Nachbarschaft, hätte mehrmals versucht, dieses Rezept zu stehlen. Eines ist allerdings unstrittig: „… beim Hungern und beim Essen!“)

57. „Man soll dem Hasen erst das Fell abziehen, wenn er bezahlt ist.“
(Allgemeingültiger Grundsatz beim Einkaufen.)

58. „Auf jeden Sommerschlussverkauf folgt ein Winter.“
(Für Tante Else brach eine kleine Welt zusammen, als die Ladenöffnungszeiten erweitert wurden. Ansonsten war sie immer in vorderster Linie, wenn es um den Schlussverkauf ging. Sommer wie Winter. Die entsprechenden Abzeichen und Orden des Einzelhandelsverbandes hatten einen Ehrenplatz im Wohnzimmer von Tante Else hinter Glas an der Wand, neben den lieben Verstorbenen.)

59. „Wenn zwei sich lieben, soll man sie nicht aufhalten.“
(Das dass Sprichwort heißt: „Reisende soll man nicht aufhalten“, ging der Tante nicht in den Kopf. Auch nicht das, wenn sich Reisende gar nicht liebten, es keinen Sinn macht sie aufzuhalten. Und überhaupt, wer möchte schon Liebende aufhalten? Außer vielleicht …)

60. „Vieles, was wie ein echter Hase aussieht, ist in vielen Fällen ein falscher Fünfziger.“
(Schließt zusammen mit den Sprüchen 57. und 58. das Kapitel Einkauf ab und gleichzeitig diese Zusammenfassung von Tante Elses Lieblingssprüchen.)

GEMISCHTES 7

Sammelleidenschaft

An die Familie und sonstige Verwandtschaft, Freund und Feind!

Diese Pinguine! Nicht einmal essen kann man sie. Sie lungern vor meinem Fenster herum und ka… alles voll. Dabei produzieren sie nicht genug, um das Zeug an Gärtner als Dünger zu verkaufen.

Und sie fressen Unmengen an Fisch. Wer muss dieses stinkende Zeug bezahlen? – Jawohl, so ist das nämlich.

Auch die Gefriertruhe frisst Strom ohne Ende. Im Sommer rattert der Stromzähler nur so und die dummen Viecher sind zu blöd, den Deckel hinter sich zuschließen.

Also bitte, ich möchte keine Pinguine mehr geschenkt bekommen!

Nirwana

Eine Werbebroschüre für das Museum der Weltbesten in Wangenhochsalzach. Eine Fotografie zeigt einen aufgepumpten Fahrradschlauch, der an einer weißgetünchten Wand hängt. Daneben die Porträtfotografie eines Mannes von cirka fünfunddreißig Jahren.

Dann der Text:

Konstantin lebt im Inneren dieses Fahrradschlauchs. Wie er dort hinein gekommen ist, ist nicht bekannt. Nach Beschreibungen ist er nicht besonders schlank und hat auch nicht die Beweglichkeit chinesischer Akrobaten. Das Einzige, was ihn prädestiniert, in einem Fahrradschlauch zu wohnen, ist, dass er die Luft ungewöhnlich lange anhalten kann.

Schon als Kind stellte er, mit seiner Armbanduhr als Luftanhaltezeitmesser, einen Rekord nach dem anderen auf. Schnell überbot er die Versuche seiner Klassenkameraden um ein Vielfaches. Gut, seine schulischen Leistungen waren, begründet durch das bis zu einem halbstündigen Luftanhalten während der Schulstunde, mangelhaft.

Doch Konstantin ließ sich nicht beirren. Er spürte, dass er zum Luftanhalten geboren war. Es war seine Bestimmung. Immer länger wurden die Zeiträume, in denen er die Luft anhalten konnte. Erste Erfolge auf Familienfeiern, Schrebergartenfesten und ein Auftritt im Offenen Kanal in der beliebten Kochsendung „Hier braten nicht nur Störche“ machten ihn schnell in den Grenzen seiner Heimatstadt bekannt.

Dann kam der Durchbruch. Im Alter von siebenundzwanzig Jahren entdeckte ihn der Impresario Donald Lunge bei einem Luftanhaltewettbewerb in der Stadt Hellertau. Dort belegte Konstantin den zweiten Platz. Wie sich später herausstellte, wurde er von dem Gewinner um den Sieg betrogen. Dieser hatte ein Atemgerät unter seiner Jacke versteckt, aus dem er ab und zu Luft naschte.

Doch Donald Lunge hat das große Talent, große Talente aufzuspüren. Ein Vermarktungskonzept war schnell erstellt und ein für beide Seiten günstiger Vertrag unterschrieben.

Ausgedehnte Tourneen durch Europa, Asien und den nordamerikanischen Kontinent führten den Luftanhaltekünstler zu triumphalen Erfolgen. Es wurden Szenearien vorgestellt in Wasserbehältern, in hermetisch abgeschlossenen Ölfässern und in einer Aufsehen erregenden Fernsehshow mit einer Plastiktüte über dem Kopf. Etliche Nachahmer wurden in Krankenhäuser eingeliefert und auf Friedhöfen zur letzten Ruhe gebettet.

Schließlich hatte Konstantin seine Kunst in Höhen perfektioniert, in die ihm niemand mehr folgen konnte.

Es blieb nur ein In-sich-Kehren, ein Zurückziehen auf eine spirituelle Ebene, die, Gottgleichheit und unterste Lebensstufe in einem, ein Nirwana, einen Weg in den Fahrradschlauch vorzeichnete.

Es ist verboten, Nadeln oder Scheren in den Ausstellungsraum mitzuführen.

Die Öffnungszeiten sind Mo.–Sa. von 9 Uhr bis 18 Uhr. Und So.- und Feiertags von 10 Uhr bist 16 Uhr. Der Eintritt kostet für Erwachsene ...

An einen unbekannten Freund

N'morgen", „Hallo" und manchmal nur ein Kopfnicken von der anderen Straßenseite.

Und jetzt liegt dein schwarzer, wollender Mantel auf der Straße zwischen altem Hausrat. Ein Paar Briefe, Rechnungen, Kontoauszüge ausgebreitet vor jenen, die es gar nichts angeht. Ein Berg Erinnerungen, an die sich keiner mehr erinnern will. Ein paar schwarze Schuhe liegen auch unter den Resten eines Lebens. Du mochtest anscheinend Schwarz.

Was du sonst gemocht oder sogar geliebt und wahrscheinlich auch gehasst hast weiß ich nicht. Ich kannte dich nicht. Ich meine, bis auf ein „Morgen" und ein „Hallo" im Hausflur oder ein Kopfnicken auf der Straße. Ich weiß nur, dass du im vierten Stock gewohnt hast und immer sehr schnell und zielstrebig deiner Wege gegangen bist. Deine Aktenmappe fest unter dem Arm geklemmt. Nicht mal beim Bäcker haben wir uns getroffen oder im Supermarkt an der Kasse, wo man ein oder zwei Worte hätte wechseln können. Ich hätte schon gerne gewusst wer du bist, wer du warst.

Das ist die Großstadt. Menschen leben Jahre nebeneinander daher, ohne dass auch nur eine Minute zum anderen herübertropft. Alles trocken. Aber …

Aber ich denke an dich. Angesichts der Dinge die da vor dem Haus auf einem Berg zusammengekommen sind. Ausgeräumt von fremden Menschen. Hausverwaltung. Was für eine schlechte Bezeichnung für einen Nachlassverwalter. Gab es sonst niemanden, der deinen Mantel gebrauchen konnte und ihn wenigstens noch ein paar Jahre „in Ehren" hielt? Keinen Bruder, keine Cousine, keinen Freund, keinen Bekannten?

Und die Hauswartfrau? Der einzige dünne Verbindungsfaden im Haus: Die beiden jungen Menschen mit dem kleinen Kind im ersten Stock, Namen unbekannt. Er jobbt im Büro und Sie will wieder studieren. Später soll es zurück in den Hunsrück gehen. Der junge Mann, der sein Fahrrad im Flur immer in den Weg stellt, Name unbekannt, soll seine Freundin verlassen haben, als sie bei ihm einziehen wollte. Praktischer Mensch. Die ältere Dame, Name unbekannt, wird zwei Mal die Woche von ihrem Sohn zum Essen abgeholt.

Und du? Krebs sollst du gehabt haben und umgebracht hast du dich, erzählt die Hauswartfrau.

Nachrichten aus dem Klusum-Appeldorfer Tageblatt 3

—

Aus den Bezirken. Herpes-Mittelstedt

Die Cousine dritten Grades

Wir müssen schon wieder auf ein Ereignis eingehen, das die Landbevölkerung von Klusum-Appeldorf in Unruhe versetzte.

Wie schon in der Vergangenheit mehrmals berichtet flog ein Landbrot viel zu tief. Die scharf gebackene Kruste war auch nicht vorschriftsmäßig. Nur Schwarzwälder Broten ist es erlaubt, derart gefährliche Krusten zu tragen. Folgerichtig schnitt das erwähnte Landbrot einem völlig überraschten Postboden den Gurt seiner Posttasche durch, so dass alle Briefe und kleine Päckchen auf die Erde vielen. Man kann sich denken, welchen Schock der Postbeamte erlitten hat. Das alles spielte sich vor dem Haus der Kruses ab. Aber der verantwortliche Bäcker, Meister Mehldorn, schob die Schuld für das lebensgefährliche Brot auf seine Cousine dritten Grades Madeleine Mehldorn ab. Sie wäre seit ihrer Trennung von ihrem Mann vor gut vierundfünfzig Jahren nicht mehr die Selbe, die sie vor vierundfünfzig Jahren gewesen war. Ihr geschiedener Mann lebt seit vierundfünfzig Jahren mit einer jüngeren Frau zusammen. Dies brachte den Lebensrhythmus der Cousine dritten Grandes so sehr durcheinander, das sie ab und zu in die Backstube ihres Cousins kommt und die Landbrote behandelt, als seien es Schwarzwälder Brote.

Für Abhilfe sollen jetzt Ketten und Schlösser sorgen.

Mein letzter Musikwunsch – Musik für meine Beerdigung

Es ist mitten in der Nacht, und ich höre mir Musik an, um zu entscheiden, ob sie passend für meine Beerdigung wäre. Einmal muss man sich ja mit seinem Ende beschäftigen. Also, warum nicht jetzt.

Derlei Musikwünsche habe ich nun zuhauf, und ich müsste eigentlich mehr als einmal sterben. Letztlich liegt das erste Kriterium bei der Finanzierbarkeit. Es muss selbstverständlich alles „live“ sein.

Von der Angemessenheit meines Hinscheidens ist die „Ode an die Freude“ von Ludwig van, vorgetragen von den Berliner Sinfonikern, zwar klassisch und nicht zu dick aufgetragen aber in Anbetracht der vielen Musiker eher kostspielig. Dagegen ist „Halte du meine Harfe, während ich frühstücke“, von Haribald Frohlocke in der Fassung der Dienstaglaune des Künstlers, eher exzentrisch, aber mit seinen vierhundertzweiunddreißig Harfenistinnen und einem Pauker auch nicht leicht zu realisieren. Man müsste einen entsprechenden Friedhof finden, auf dem die Garderobecontainer der Künstlerinnen platz fänden. Für den Pauker reicht ein Lendenschurz. Schlagzeuger stellen keine hohen Ansprüche. Dagegen sind Harfenistinnen sehr anspruchsvoll, was die Sanitäreinrichtungen betrifft. Die Espressomaschinen und die frischen Früchte noch gar nicht mitgerechnet.

Die Beatles. Eine wirklich gute Truppe, viele Lieder zur Auswahl aber doch nie ganz mein Ding. Dann ist eine Wiedervereinigung an meinem Grab doch recht unwahrscheinlich, da einige Mitglieder schon selber in einem liegen. Die Stones schon eher, aber ob Mick Jagger auf meiner Geselligkeit singen würde? Und wenn ja, zu welchem Preis?! Schon wieder das Geld. Ich befürchte, wenn ich mich nicht zu Lebzeiten einem der großen Künstler als Leibsklave verdinge, wird diese Veranstaltung immer teurer. Auch wünsche ich Mick noch ein langes Leben.

Neulich war ich auf einem vergleichbaren Meeting. Da stand ein Geiger am offenen Grab und fiedelte, als wolle er den teuren Dahingeschiedenen wieder zum Leben erwecken. Was einigen Trauergästen, so an ihren Gesichtern abzulesen, gar nicht gefallen hätte. Einer, vermutlich der Sohnemann und Erbe, trug doch wahrhaftig das Bild eines roten Sportwagens auf seiner Stirn, und die Witwe selber sah man, wie sie sich am Swimmingpool ihrer Villa von einem jüngeren Mann den Rücken massieren ließ. Die zurückgebliebene Tochter stand gleich von Kopf bis Fuß mit Perlen überhäuft und kämpfte mit sich, um eine Träne zu fabrizieren. Dieses Bild allerdings war herzzerreißend.

Da ich weder einen Sportwagen besitze, noch ein Haus mit Swimmingpool mit einem jüngeren Mann und auch keine Perlenketten, ja nicht mal einen Sohn oder eine Tochter habe, kommt dieser Geiger für meine Party nicht in Frage.

Um für den musikalischen Rahmen nun doch noch das Passende zu finden, habe ich beschlossen die trauernden Gäste einzubinden. Auch die, die nur gekommen sind, um sich zu vergewissern, dass ich wirklich nicht mehr unter den Lebenden weile. Dazu werde ich in den nächsten Tagen ein Werk für Gießkanne und Harke komponieren und das gedruckte Notenmaterial für den Fall der Fälle bereithalten.

Dieses Szenario erscheint mir noch am kostengünstigsten, da die Instrumente, wie auf jedem gut bestückten Friedhof, vorhanden sind. Man bemühe sich nur hinter die Grabsteine zu fassen. Ich wünschte natürlich wirklich, während ich dies schreibe, ich komme vor meinem Ableben noch zu einer Millionen Euro! Dann würde ich die erste Variante mit den Sinfonikern bevorzugen. Nun werde ich schlafen gehen und von meiner Beerdigung träumen. Es wird herrlich werden. Und Träumen kostet ja bekanntlich keinen Jen.

Geschrieben am 10.07.2011 an Tinas und Michaels ersten Hochzeitstag.
Das stellt natürlich keine Verpflichtung dar!

Wenn man mir eine Freude machen möchte!

Meine Lieblingssätze:

„Wohin soll das Geld überwiesen werden?“

„Sie sind wirklich das größte literarische Genie der Gegenwart!“

„Sie haben eine ungeheure Ausstrahlung und wirken unglaublich sympathisch.“

„Darf ich Ihr Freund sein?!“

„Ich wünschte mein Sohn wäre so wie Sie!“ (Der Sprössling ist leitender Chefarzt der Kinderabteilung an der Universitätsklinik von Wangenhochsalzach)

„Einfach toll!“

„Super!“

„Ohhh!“

Das ist das Ende

Danke

Danke an meinen Freund Johann für seine Inspiration und Fehlersuche!

Danke auch an meine Frau Manuela, dass sie an meiner Seite steht und auch meine größte Kritikerin ist.

Und dann noch ein großes Danke an Dr. Olaf Spittel für sein Vertrauen in die literarische Arbeit seiner Autoren!

RENEGALD GRUWE

GEDANKEN TEILUNG

ERZÄHLUNGEN

VERLAG 28 EICHEN